Schöningh
westermann

EinFach Deutsch

W0055790

Arthur Schnitzler

Fräulein Else

Erarbeitet von
Margret Behringer und
Renate Gross

Herausgegeben von
Johannes Diekhans

Der Text folgt im Wortlaut der folgenden Ausgabe:
Arthur Schnitzler: Fräulein Else. Berlin/Wien/Leipzig: Paul Zsolnay
Verlag 1924.

westermann GRUPPE

© 2016 Bildungshaus Schulbuchverlage
Westermann Schroedel Diesterweg Schöningh Winklers GmbH,
Braunschweig
www.westermann.de

Druck A^2 / Jahr 2020
Alle Drucke der Serie A sind im Unterricht parallel verwendbar.

Umschlaggestaltung: Jennifer Kirchhof
Druck und Bindung: Westermann Druck GmbH, Braunschweig

ISBN 978-3-14-**022682**-0

Arthur Schnitzler: Fräulein Else

„Du willst wirklich nicht mehr weiterspielen, Else" – „Nein, Paul, ich kann nicht mehr. Adieu. – Auf Wiedersehen, gnädige Frau." – *„Aber, Else, sagen Sie mir doch: Frau Cissy. – Oder lieber noch: Cissy, ganz einfach."* – „Auf Wiedersehen, Frau Cissy." – *„Aber warum gehen Sie denn schon, Else? Es sind noch volle zwei Stunden bis zum Dinner."* – „Spielen Sie nur Ihr Single[1] mit Paul, Frau Cissy, mit mir ist's doch heut wahrhaftig kein Vergnügen." – *„Lassen Sie sie, gnädige Frau, sie hat heut ihren ungnädigen Tag. – Steht dir übrigens ausgezeichnet zu Gesicht, das Ungnädigsein, Else. – Und der rote Sweater[2] noch besser."* – „Bei Blau wirst du hoffentlich mehr Gnade finden, Paul. Adieu."

Das war ein ganz guter Abgang. Hoffentlich glauben die zwei nicht, daß ich eifersüchtig bin. – Daß sie was miteinander haben, Cousin Paul und Cissy Mohr, darauf schwör ich. Nichts auf der Welt ist mir gleichgültiger. – Nun wende ich mich noch einmal um und winke ihnen zu. Winke und lächle. Sehe ich nun gnädig aus? – Ach Gott, sie spielen schon wieder. Eigentlich spiele ich besser als Cissy Mohr; und Paul ist auch nicht gerade ein Matador.[3] Aber gut sieht er aus – mit dem offenen Kragen und dem Bösen-Jungen-Gesicht. Wenn er nur weniger affektiert wäre. Brauchst keine Angst zu haben, Tante Emma ...

Was für ein wundervoller Abend! Heut wär das richtig Wetter gewesen für die Tour auf die Rosetta-Hütte. Wie herrlich der Cimone[4] in den Himmel ragt! – Um fünf Uhr früh wär man aufgebrochen. Anfangs wär mir natürlich übel gewesen, wie gewöhnlich. Aber das verliert sich. – Nichts köstlicher als das Wandern im Morgengrauen. – Der einäugige Amerikaner auf der Rosetta[5] hat ausgesehen wie ein Boxkämpfer. Vielleicht hat ihn beim Boxen wer das Aug ausgeschlagen. Nach Amerika würd ich ganz gern heiraten, aber keinen Amerikaner. Oder ich heirat einen Amerikaner und wir leben in Europa. Villa an der Riviera. Marmorstu-

---

[1] (engl.) Einzelspiel im Tennis
[2] (engl.) Pullover
[3] Stierkämpfer, der dem Stier den Todesstoß versetzt, hier: erfolgreicher Tennisspieler. Durch die Silbe -dor Verbindung zu von Dorsday
[4] Berg (3 192 m) im Palamassiv (Dolomiten)
[5] Berg (2 734 m) ebenfalls im Palamassiv

fen ins Meer. Ich liege nackt auf dem Marmor. – Wie lang ist's her,
daß wir in Mentone[1] waren? Sieben oder acht Jahre. Ich war dreizehn oder vierzehn. Ach ja, damals waren wir noch in besseren
Verhältnissen. – Es war eigentlich ein Unsinn die Partie aufzu-
5 schieben. Jetzt wären wir jedenfalls schon zurück. – Um vier, wie
ich zum Tennis gegangen bin, war der telegraphisch angekündig-
te Expreßbrief von Mama noch nicht da. Wer weiß, ob jetzt. Ich
hätt noch ganz gut ein Set[2] spielen können. – Warum grüßen
mich diese zwei jungen Leute? Ich kenn sie gar nicht. Seit gestern
10 wohnen sie im Hotel, sitzen beim Essen links am Fenster, wo
früher die Holländer gesessen sind. Hab ich ungnädig gedankt?
Oder gar hochmütig? Ich bin's ja gar nicht. Wie sagte Fred auf
dem Weg vorn 'Coriolan'[3] nach Hause? Frohgemut. Nein, hochgemut[4]. Hochgemut sind Sie, nicht hochmütig, Else. – Ein schönes
15 Wort. Er findet immer schöne Worte. – Warum geh ich so langsam? Fürcht ich mich am Ende vor Mamas Brief? Nun, Angeneh-
mes wird er wohl nicht enthalten. Expreß! Vielleicht muß ich wieder zurückfahren. O weh. Was für ein Leben – trotz rotem Seiden-
sweater und Seidenstrümpfen[5]. Drei Paar! Die arme Verwandte,
20 von der reichen Tante eingeladen. Sicher bereut sie's schon. Soll
ich's dir schriftlich geben, teuere Tante, daß ich an Paul nicht im
Traum denke? Ach, an niemanden denke ich. Ich bin nicht verliebt. In niemanden. Und war noch nie verliebt. Auch in Albert
bin ich's nicht gewesen, obwohl ich es mir acht Tage lang einge-
25 bildet habe. Ich glaube, ich kann mich nicht verlieben. Eigentlich
merkwürdig. Denn sinnlich bin ich gewiß. Aber auch hochgemut
und ungnädig Gott sei Dank. Mit dreizehn war ich vielleicht das
einzige Mal wirklich verliebt. In den Van Dyck[6] – oder vielmehr in

---

[1] Urlaubsort an der französischen Riviera
[2] Satz im Tennis
[3] Tragödie von Shakespeare (1564–1616); Vorausweisung auf Elses aus-
     weglosen Konflikt
[4] Wortverbindung von hochmütig mit stolz und mutig, tapfer. Else be-
     zeichnet sich wiederholt als „hochgemut" (z. B. S. 19, Z. 4)
[5] hier: sexuell konnotiertes Accessoire
[6] Ernest van Dyck (1861–1923), belgischer Tenor

den Abbé Des Grieux[1], und in die Renard[2] auch. Und wie ich sechzehn war, am Wörthersee. – Ach nein, das war nichts. Wozu nachdenken, ich schreibe ja keine Memoiren. Nicht einmal ein Tagebuch wie die Bertha. Fred ist mir sympathisch, nicht mehr. Vielleicht, wenn er eleganter wäre. Ich bin ja doch ein Snob. Der Papa findet's auch und lacht mich aus. Ach, lieber Papa, du machst mir viel Sorgen. Ob er die Mama einmal betrogen hat? Sicher. Öfters. Mama ist ziemlich dumm. Von mir hat sie keine Ahnung. Andere Menschen auch nicht. Fred? – Aber eben nur eine Ahnung. – Himmlischer Abend. Wie festlich das Hotel aussieht. Man spürt: Lauter Leute, denen es gut geht und die keine Sorgen haben. Ich zum Beispiel. Haha! Schad. Ich wär zu einem sorgenlosen Leben geboren. Es könnt so schön sein. Schad. – Auf dem Cimone liegt ein roter Glanz. Paul würde sagen: Alpenglühen. Das ist noch lang kein Alpenglühen. Es ist zum Weinen schön. Ach, warum muß man wieder zurück in die Stadt!

„Guten Abend, Fräulein Else. " – „Küß die Hand gnädige Frau." – „Vom Tennis?" – Sie sieht's doch, warum fragt sie? „Ja, gnädige Frau. Beinah drei Stunden lang haben wir gespielt. – Und gnädige Frau ma- chen noch einen Spaziergang?" – *„Ja, meinen gewohnten Abendspaziergang. Den Rolleweg.[3] Der geht so schön zwischen den Wiesen, bei Tag ist er beinahe zu sonnig."* – „Ja, die Wiesen hier sind herrlich. Besonders im Mondenschein von meinem Fenster aus." –

„Guten Abend, Fräulein Else. – Küss die Hand, gnädige Frau"[4] – „Guten Abend, Herr von Dorsday[5]." – *„Vom Tennis, Fräulein Else?"* – „Was für ein Scharfblick, Herr von Dorsday." – *„Spotten Sie nicht, Else."* – Warum sagt er nicht ‚Fräulein Else?‘ – *„Wenn man mit dem Rakett[6] so gut ausschaut, darf man es gewissermaßen auch als Schmuck tragen."* – Esel, darauf antworte ich gar nicht. „Den gan-

---

[1] Titelfigur des französischen Romans „Histoire du chevalier des Grieux et de Manon Lescaut" von Abbé Prévost (1697–1736)
[2] Marie Renard (1864–1939), Mezzosopranistin
[3] Wanderweg benannt nach dem Rollepass
[4] in Österreich gebräuchliche höfliche Begrüßungsformel
[5] Sprechender Name: Anklang an engl. door als Tür, Ausweg; vgl. auch Anm. 3, S. 5
[6] (engl.) Tennisschläger

zen Nachmittag haben wir gespielt. Wir waren leider nur drei. Paul, Frau Mohr und ich." – *„Ich war früher ein enragierter[1] Tennisspieler."* – „Und jetzt nicht mehr?" – *„Jetzt bin ich zu alt dazu."* – „Ach, alt, in Marienlyst[2], da war ein fünfundsechzigjähriger
5 Schwede, der spielte jeden Abend von sechs bis acht Uhr. Und im Jahr vorher hat er sogar noch bei einem Turnier mitgespielt." – *„Nun, fünfundsechzig bin ich Gott sei Dank noch nicht, aber leider auch kein Schwede."* – Warum leider? Das hält er wohl für einen Witz. Das Beste, ich lächle höflich und gehe. „Küß die Hand, gnä-
10 dige Frau. Adieu, Herr von Dorsday". Wie tief er sich verbeugt und was für Augen er macht. Kalbsaugen. Hab ich ihn am Ende verletzt mit dem fünfundsechzigjährigen Schweden? Schad't auch nichts. Frau Winawer muß eine unglückliche Frau sein. Gewiß schon nah an fünfzig. Diese Tränensäcke, – als wenn sie viel
15 geweint hätte. Ach wie furchtbar, so alt zu sein. Herr von Dorsday nimmt sich ihrer an. Da geht er an ihrer Seite. Er sieht noch immer ganz gut aus mit dem graumelierten Spitzbart. Aber sympathisch ist er nicht. Schraubt sich künstlich hinauf. Was hilft Ihnen Ihr erster Schneider, Herr von Dorsday? Dorsday! Sie haben si-
20 cher einmal anders geheißen.[3] – Da kommt das süße kleine Mädel von Cissy mit ihrem Fräulein, – „Grüß dich Gott, Fritzi. Bon soir, Mademoiselle. Vouz allez bien?[4]" –*„Merci, Mademoiselle. Et vous?"* – „Was seh ich, Fritzi, du hast ja einen Bergstock. Willst du am End den Cimone besteigen?" – *„Aber nein, so hoch hinauf darf
25 ich noch nicht."* – „Im nächsten Jahr wirst du es schon dürfen. Pah, Fritzi. A bientôt[5], Mademoiselle." – *„Bon soir, Mademoiselle."*
Eine hübsche Person. Warum ist sie eigentlich Bonne[6]? Noch dazu bei Cissy. Ein bitteres Los. Ach Gott, kann mir auch noch blühen. Nein, ich wüßte mir jedesfalls was Besseres. Besseres? – Köstli-
30 cher Abend. ‚Die Luft ist wie Champagner', sagte gestern Doktor

---

[1] (frz.) leidenschaftlich
[2] dänischer Badeort
[3] Else spielt hier auf von Dorsdays jüdische Herkunft und den fingierten englischen Adelsnamen an.
[4] (frz.) Geht es Ihnen gut? Wie geht es Ihnen?
[5] (frz.) Bis bald
[6] (frz.) Kindermädchen

Waldberg. Vorgestern hat es auch einer gesagt. – Warum die Leute bei dem wundervollen Wetter in der Halle sitzen? Unbegreiflich. Oder wartet jeder auf einen Expreßbrief? Der Portier hat mich schon gesehen; – wenn ein Expreßbrief für mich da wäre, hätte er mir ihn sofort hergebracht. Also keiner da. Gott sei Dank. Ich werde mich noch ein bißl hinlegen vor dem Diner. Warum sagt Cissy ‚Dinner‘? Dumme Affektation. Passen zusammen, Cissy und Paul. – Ach, wär der Brief lieber schon da. Am Ende kommt er während des ‚Dinner‘. Und wenn er nicht kommt, hab ich eine unruhige Nacht. Auch die vorige Nacht hab ich so miserabel geschlafen. Freilich, es sind gerade diese Tage¹. Drum hab ich auch das Ziehen in den Beinen. Dritter September ist heute. Also wahrscheinlich am sechsten. Ich werde heute Veronal² nehmen. O, ich werde mich nicht daran gewöhnen. Nein, lieber Fred, du mußt nicht besorgt sein. In Gedanken bin ich immer per Du mit ihm. – Versuchen sollte man alles, – auch Haschisch. Der Marinefähnrich Brandel hat sich aus China, glaub ich, Haschisch mitgebracht. Trinkt man oder raucht man Haschisch? Man soll prachtvolle Visionen haben. Brandel hat mich eingeladen mit ihm Haschisch zu trinken oder – zu rauchen – Frecher Kerl. Aber hübsch. –

„Bitte sehr, Fräulein, ein Brief.“ – Der Portier! Also doch! – Ich wende mich ganz unbefangen um. Es könnte auch ein Brief von der Karoline sein oder von der Bertha oder von Fred oder Miß Jackson? „Danke schön.“ Doch von Mama. Expreß. Warum sagt er nicht gleich: ein Expreßbrief? „O, ein Expreß!“ Ich mach ihn erst auf dem Zimmer auf und les ihn in aller Ruhe. – Die Marchesa³. Wie jung sie im Halbdunkel aussieht. Sicher fünfundvierzig. Wo werd ich mit fünfundvierzig sein? Vielleicht schon tot. Hoffentlich. Sie lächelt mich so nett an, wie immer. Ich lasse sie vorbei, nicke ein wenig, – nicht als wenn ich mir eine besondere Ehre daraus machte, daß mich eine Marchesa anlächelt. – *„Buona sera⁴.“* – Sie sagt mir buona sera. Jetzt muß

---

¹ Else erwartet ihre Menstruation.
² starkes Schlafmittel, in hoher Dosis tödlich
³ ital. Adelstitel
⁴ (ital.) Guten Abend

ich mich doch wenigstens verneigen. War das zu tief? Sie ist ja um so viel älter. Was für einen herrlichen Gang sie hat. Ist sie geschieden? Mein Gang ist auch schön. Aber – ich weiß es. Ja, das ist der Unterschied. – Ein Italiener könnte mir gefährlich
5 werden. Schade, daß der schöne Schwarze mit dem Römerkopf schon wieder fort ist. ‚Er sieht aus wie ein Filou[1]‘, sagte Paul. Ach Gott, ich hab nichts gegen Filous, im Gegenteil. – So, da wär ich. Nummer siebenundsiebzig. Eigentlich eine Glücksnummer. Hübsches Zimmer. Zirbelholz. Dort steht mein jung
10 fräuliches Bett. – Nun ist es richtig ein Alpenglühen geworden. Aber Paul gegenüber werde ich es abstreiten. Eigentlich ist Paul schüchtern. Ein Arzt, ein Frauenarzt! Vielleicht gerade deshalb. Vorgestern im Wald, wie wir so weit voraus waren, hätt er schon etwas unternehmender sein dürfen. Aber dann wäre es ihm
15 übel ergangen. Wirklich unternehmend war eigentlich mir gegenüber noch niemand. Höchstens am Wörthersee vor drei Jahren im Bad. Unternehmend? Nein, unanständig war er ganz einfach. Aber schön. Apoll von Belvedere[2]. Ich hab es ja eigentlich nicht ganz verstanden damals. Nun ja mit – sechzehn Jah
20 ren. Meine himmlische Wiese! Meine –! Wenn man sich die nach Wien mitnehmen könnte. Zarte Nebel. Herbst? Nun ja, dritter September, Hochgebirge.
Nun, Fräulein Else, möchten Sie sich nicht doch entschließen, den Brief zu lesen? Er muß sich ja gar nicht auf den Papa bezie
25 hen. Könnte es nicht auch etwas mit meinem Bruder sein? Vielleicht hat er sich verlobt mit einer seiner Flammen? Mit einer Choristin oder einem Handschuhmädel[3]. Ach nein, dazu ist er wohl doch zu gescheit. Eigentlich weiß ich ja nicht viel von ihm. Wie ich sechzehn war und er einundzwanzig, da waren wir eine
30 Zeitlang geradezu befreundet. Von einer gewissen Lotte hat er mir viel erzählt. Dann hat er plötzlich aufgehört. Diese Lotte muß ihm irgend etwas angetan haben. Und seitdem erzählt er mir

---

[1] (frz.) Draufgänger, Lebemann
[2] röm. Statue (4. Jh. v. Ch.), Inbegriff männlicher Schönheit
[3] hier: Geliebte einfacher Herkunft. Von wohlhabenden Bürgern ausgehaltene Geliebte übten oft den Beruf einer Schneiderin, Putzmacherin, Blumenverkäuferin etc. aus.

nichts mehr. – Nun ist er offen, der Brief, und ich hab gar nicht bemerkt, daß ich ihn aufgemacht habe. Ich setze mich aufs Fensterbrett und lese ihn. Achtgeben, daß ich nicht hinunterstürze. Wie uns aus San Martino[1] gemeldet wird, hat sich dort im Hotel
5 Fratazza ein beklagenswerter Unfall ereignet. Fräulein Else T., ein neunzehnjähriges bildschönes Mädchen, Tochter des bekannten Advokaten ... Natürlich würde es heißen, ich hätte mich umgebracht aus unglücklicher Liebe oder weil ich in der Hoffnung war. Unglückliche Liebe, ah nein.
10 ,Mein liebes Kind' – Ich will mir vor allem den Schluß anschaun. – ,Also nochmals, sei uns nicht böse, mein liebes gutes Kind und sei tausendmal' – Um Gottes willen, sie werden sich doch nicht umgebracht haben! Nein, – in dem Fall wär ein Telegramm von Rudi da. – ,Mein liebes Kind, du kannst mir glauben, wie leid es
15 mir tut, daß ich dir in deine schönen Ferialwochen' – Als wenn ich nicht immer Ferien hätt, leider – ,mit einer so unangenehmen Nachricht hineinplatze.' – Einen furchtbaren Stil schreibt Mama. – ,Aber nach reiflicher Überlegung bleibt mir wirklich nichts anderes übrig. Also, kurz und gut, die Sache mit Papa ist akut ge-
20 worden. Ich weiß mir nicht zu raten, noch zu helfen.' – Wozu die vielen Worte? – ,Es handelt sich um eine verhältnismäßig lächerliche Summe – dreißigtausend Gulden[2]', lächerlich? –, ,die in drei Tagen herbeigeschafft sein müssen, sonst ist alles verloren.' Um Gottes willen, was heißt das? – ,Denk dir, mein geliebtes Kind,
25 daß der Baron Höning', – wie, der Staatsanwalt? – ,sich heut früh den Papa hat kommen lassen. Du weißt ja, wie der Baron den Papa hochschätzt, ja geradezu liebt. Vor anderthalb Jahren, damals, wie es auch an einem Haar gehangen hat, hat er persönlich mit den Hauptgläubigern gesprochen und die Sache noch im letz-
30 ten Moment in Ordnung gebracht. Aber diesmal ist absolut nichts zu machen, wenn das Geld nicht beschafft wird. Und abgesehen davon, daß wir alle ruiniert sind, wird es ein Skandal, wie er noch nicht da war. Denk dir, ein Advokat, ein berühmter Advokat, – der, – nein, ich kann es gar nicht niederschreiben. Ich kämpfe immer

---

[1] Erholungsort im Palamassiv (Dolomiten)
[2] 160 Gulden etwa betrug der Monatslohn eines Arbeiters.

mit den Tränen. Du weißt ja, Kind, du bist ja klug, wir waren ja, Gott sei's geklagt, schon ein paar Mal in einer ähnlichen Situation und die Familie hat immer herausgeholfen. Zuletzt hat es sich gar um hundertzwanzigtausend gehandelt. Aber damals hat der Papa einen Revers[1] unterschreiben müssen, daß er niemals wieder an die Verwandten, speziell an den Onkel Bernhard, herantreten wird.' – Na weiter, weiter, wo will denn das hin? Was kann denn ich dabei tun? – ‚Der einzige, an den man eventuell noch denken könnte, wäre der Onkel Viktor, der befindet sich aber unglücklicherweise auf einer Reise zum Nordkap oder nach Schottland' – Ja, der hat's gut, der ekelhafte Kerl –, und ist absolut unerreichbar, wenigstens für den Moment. An den Kollegen, speziell Dr. Sch., der Papa schon öfter ausgeholfen hat' – Herrgott, wie stehn wir da – ‚ist nicht mehr zu denken, seit er sich wieder verheiratet hat' – also was denn, was denn, was wollt ihr denn von mir? – ‚Und da ist nun dein Brief gekommen, mein liebes Kind, wo du unter andern Dorsday erwähnst, der sich auch im Fratazza aufhält, und das ist uns wie ein Schicksalswink erschienen. Du weißt ja, wie oft Dorsday in früheren Jahren zu uns gekommen ist' – na, gar so oft – ‚es ist der reine Zufall, daß er sich seit zwei, drei Jahren seltener blicken läßt; er soll in ziemlich festen Banden sein – unter uns, nichts sehr Feines' – warum ‚unter uns'? – ‚Im Residenzklub hat Papa jeden Donnerstag noch immer seine Whistpartie[2] mit ihm, und im verflossenen Winter hat er ihm im Prozeß gegen einen andern Kunsthändler ein hübsches Stück Geld gerettet. Im übrigen, warum sollst du es nicht wissen, er ist schon früher einmal dem Papa beigesprungen.' – Hab ich mir gedacht – ‚Es hat sich damals um eine Bagatelle gehandelt, achttausend Gulden, – aber schließlich – dreißig bedeuten für Dorsday auch keinen Betrag. Darum hab ich mir gedacht, ob du uns nicht die Liebe erweisen und mit Dorsday reden könntest' – Was? – ‚Dich hat er ja immer besonders gern gehabt' – Hab nichts davon gemerkt. Die Wange hat er mir gestreichelt, wie ich zwölf oder dreizehn Jahre alt war. ‚Schon ein ganzes Fräulein.' – ‚Und da Papa seit den acht-

---

[1] (frz.) rechtlich verbindliche Erklärung, Verpflichtung
[2] engl. Kartenspiel, Vorläufer des Bridge

tausend glücklicherweise nicht mehr an ihn herangetreten ist, so
wird er ihm diesen Liebesdienst nicht verweigern. Neulich soll er
an einem Rubens[1], den er nach Amerika verkauft hat, allein achtzigtausend verdient haben. Das darfst du selbstverständlich nicht
5 erwähnen.' – Hältst du mich für eine Gans, Mama? – ‚Aber im
übrigen kannst du ganz aufrichtig zu ihm reden. Auch, daß der
Baron Höning sich den Papa hat kommen lassen, kannst du erwähnen, wenn es sich so ergeben sollte. Und daß mit den dreißigtausend tatsächlich das Schlimmste abgewendet ist, nicht nur für
10 den Moment, sondern, so Gott will, für immer.' – Glaubst du
wirklich, Mama? – ‚Denn der Prozeß Erbesheimer, der glänzend
steht, trägt dem Papa sicher hunderttausend, aber selbstverständlich kann er gerade in diesem Stadium von den Erbesheimers
nichts verlangen. Also, ich bitte dich, Kind, sprich mit Dorsday.
15 Ich versichere dich, es ist nichts dabei. Papa hätte ihm ja einfach
telegraphieren können, wir haben es ernstlich überlegt, aber es ist
doch etwas ganz anderes, Kind, wenn man mit einem Menschen
persönlich spricht. Am Sechsten um zwölf muß das Geld da sein,
Doktor F.' – Wer ist Doktor F.? Ach ja, Fiala. – ‚ist unerbittlich.
20 Natürlich ist da auch persönliche Rancune[2] dabei. Aber da es sich
unglücklicherweise um Mündelgelder[3] handelt' – Um Gottes willen! Papa, was hast du getan? – ‚kann man nichts machen. Und
wenn das Geld am Fünften um zwölf Uhr mittags nicht in Fialas
Händen ist, wird der Haftbefehl erlassen, vielmehr so lange hält
25 der Baron Höning ihn noch zurück. Also Dorsday müßte die
Summe telegraphisch durch seine Bank an Doktor F. überweisen
lassen. Dann sind wir gerettet. Im andern Fall weiß Gott was geschieht. Glaub mir, du vergibst dir nicht das Geringste, mein geliebtes Kind. Papa hatte ja anfangs Bedenken gehabt. Er hat sogar
30 noch Versuche gemacht auf zwei verschiedenen Seiten. Aber er
ist ganz verzweifelt nach Hause gekommen.' – Kann Papa überhaupt verzweifelt sein? – ‚Vielleicht nicht einmal so sehr wegen

---

[1] Peter Paul Rubens (1577–1640), flämischer Maler; indirekter Verweis auf
das Gemälde „Das Pelzchen" (1638), das einen stehenden Frauenakt mit
schwarzem Pelzmantel zeigt, so wie sich E. später zeigen wird (s. S. 121).
[2] (frz.) Feindschaft, Rachsucht
[3] das von einem Vormund verwaltete Kapital Minderjähriger

des Geldes, als darum, weil die Leute sich so schändlich gegen ihn benehmen. Der eine von ihnen war einmal Papas bester Freund. Du kannst dir denken, wen ich meine.' – Ich kann mir gar nichts denken. Papa hat so viel beste Freunde gehabt und in Wirklichkeit keinen. Warnsdorf vielleicht? – ‚Um ein Uhr ist Papa nach Hause gekommen, und jetzt ist es vier Uhr früh. Jetzt schläft er endlich, Gott sei Dank.' – Wenn er lieber nicht aufwachte, das wär das beste für ihn. – ‚Ich gebe den Brief in aller Früh selbst auf die Post, expreß, da mußt du ihn Vormittag am Dritten haben.' – Wie hat sich Mama das vorgestellt? Sie kennt sich doch in diesen Dingen nie aus. – ‚Also sprich sofort mit Dorsday, ich beschwöre dich und telegraphiere sofort, wie es ausgefallen ist. Vor Tante Emma laß dir um Gottes willen nichts merken, es ist ja traurig genug, daß man sich in einem solchen Fall an die eigene Schwester nicht wenden kann, aber da könnte man ja ebensogut zu einem Stein reden. Mein liebes, liebes Kind, mir tut es ja so leid, daß du in deinen jungen Jahren solche Dinge mitmachen mußt, aber glaub mir, der Papa ist zum geringsten Teil selber daran schuld.' – Wer denn, Mama? – ‚Nun, hoffen wir zu Gott, daß der Prozeß Erbesheimer in jeder Hinsicht einen Abschnitt in unserer Existenz bedeutet. Nur über diese paar Wochen müssen wir hinaus sein. Es wäre doch ein wahrer Hohn, wenn wegen der dreißigtausend Gulden ein Unglück geschähe?' – Sie meint doch nicht im Ernst, daß Papa sich selber ... Aber wäre – das andere nicht noch schlimmer? – ‚Nun schließe ich, mein Kind, ich hoffe, du wirst unter allen Umständen' – Unter allen Umständen? – ‚noch über die Feiertage, wenigstens bis Neunten oder Zehnten in San Martino bleiben können. Unseretwegen mußt du keineswegs zurück. Grüße die Tante, sei nur weiter nett mit ihr. Also nochmals, sei uns nicht böse, mein liebes gutes Kind, und sei tausendmal' – ja, das weiß ich schon.

Also, ich soll Herrn Dorsday anpumpen ... Irrsinnig. Wie stellt sich Mama das vor? Warum hat sich Papa nicht einfach auf die Bahn gesetzt und ist hergefahren? – Wär grad so geschwind gegangen wie der Expreßbrief. Aber vielleicht hätten sie ihn auf dem Bahnhof wegen Fluchtverdacht – – Furchtbar, furchtbar! Auch mit den dreißigtausend wird uns ja nicht geholfen sein.

Immer diese Geschichten! Seit sieben Jahren! Nein – länger. Wer möcht mir das ansehen? Niemand sieht mir was an, auch dem Papa nicht. Und doch wissen es alle Leute. Rätselhaft, daß wir uns immer noch halten. Wie man alles gewöhnt! Dabei leben wir ei-
5 gentlich ganz gut. Mama ist wirklich eine Künstlerin. Das Souper am letzten Neujahrstag für vierzehn Personen – unbegreiflich. Aber dafür meine zwei Paar Ballhandschuhe, die waren eine Affä-re. Und wie der Rudi neulich dreihundert Gulden gebraucht hat, da hat die Mama beinah geweint. Und der Papa ist dabei immer
10 gut aufgelegt. Immer? Nein. O nein. In der Oper neulich bei Figa-ro[1] sein Blick, – plötzlich ganz leer – ich bin erschrocken. Da war er wie ein ganz anderer Mensch. Aber dann haben wir im Grand Hotel[2] soupiert[3] und er war so glänzend aufgelegt wie nur je.
Und da halte ich den Brief in der Hand. Der Brief ist ja irrsinnig.
15 Ich soll mit Dorsday sprechen? Zu Tod würde ich mich schämen. – – Schämen, ich mich? Warum? Ich bin ja nicht schuld. – Wenn ich doch mit Tante Emma spräche? Unsinn. Sie hat wahrscheinlich gar nicht so viel Geld zur Verfügung. Der Onkel ist ja ein Geizkra-gen. Ach Gott, warum habe ich kein Geld? Warum hab ich mir
20 noch nichts verdient? Warum habe ich nichts gelernt? O, ich habe was gelernt! Wer darf sagen, daß ich nichts gelernt habe? Ich spiele Klavier, ich kann Französisch, Englisch, auch ein bißl Italienisch, habe kunstgeschichtliche Vorlesungen besucht – Haha! Und wenn ich schon was Gescheiteres gelernt hätte, was hülfe es mir? Drei-
25 ßigtausend Gulden hätte ich mir keineswegs erspart. – –
Aus ist es mit dem Alpenglühen. Der Abend ist nicht mehr wun-derbar. Traurig ist die Gegend. Nein, nicht die Gegend, aber das Leben ist traurig. Und ich sitz da ruhig auf dem Fensterbrett. Und der Papa soll eingesperrt werden. Nein. Nie und nimmer. Es darf
30 nicht sein. Ich werde ihn retten. Ja, Papa, ich werde dich retten. Es ist ja ganz einfach. Ein paar Worte ganz nonchalant, das ist ja mein Fall, ‚hochgemut‘, – haha, ich werde Herrn Dorsday behan-deln, als wenn es eine Ehre für ihn wäre, uns Geld zu leihen. Es

---

[1] „Le nozze di Figaro", Oper von Wolfgang Amadeus Mozart (1756 – 91)
[2] vornehmes Wiener Hotel
[3] (frz.) soupieren: zu Abend speisen

ist ja auch eine. – Herr von Dorsday, haben Sie vielleicht einen
Moment Zeit für mich? Ich bekomme da eben einen Brief von
Mama, sie ist in augenblicklicher Verlegenheit, – vielmehr der
Papa – – ‚Aber selbstverständlich, mein Fräulein, mit dem größ-
5 ten Vergnügen. Um wieviel handelt es sich denn?‘ – Wenn er mir
nur nicht so unsympathisch wäre. Auch die Art, wie er mich ansieht. Nein, Herr Dorsday, ich glaube Ihnen Ihre Eleganz nicht
und nicht Ihr Monokel und nicht Ihre Noblesse. Sie könnten
ebensogut mit alten Kleidern handeln wie mit alten Bildern. –
10 Aber Else! Else, was fällt dir denn ein. – O, ich kann mir das erlauben. Mir sieht's niemand an. Ich bin sogar blond, rötlichblond,
und Rudi sieht absolut aus wie ein Aristokrat. Bei der Mama
merkt man es freilich gleich, wenigstens im Reden. Beim Papa
wieder gar nicht. Übrigens sollen sie es merken. Ich verleugne es
15 durchaus nicht und Rudi erst recht nicht. Im Gegenteil. Was täte
der Rudi, wenn der Papa eingesperrt würde? Würde er sich erschießen? Aber Unsinn! Erschießen und Kriminal[1], all die Sachen gibt's ja gar nicht, die stehn nur in der Zeitung.
Die Luft ist wie Champagner. In einer Stunde ist das Diner, das
20 ‚Dinner‘. Ich kann die Cissy nicht leiden. Um ihr Mäderl kümmert sie sich überhaupt nicht. Was zieh ich an? Das Blaue oder
das Schwarze? Heut wär vielleicht das Schwarze richtiger. Zu de-
kolletiert? Toilette de circonstance[2] heißt es in den französischen
Romanen. Jedesfalls muß ich berückend aussehen, wenn ich mit
25 Dorsday rede. Nach dem Dinner, nonchalant. Seine Augen werden sich in meinen Ausschnitt bohren. Widerlicher Kerl. Ich hasse ihn. Alle Menschen hasse ich. Muß es gerade Dorsday sein?
Gibt es denn wirklich nur diesen Dorsday auf der Welt, der dreißigtausend Gulden hat? Wenn ich mit Paul spräche? Wenn er der
30 Tante sagte, er hat Spielschulden, – da würde sie sich das Geld
sicher verschaffen können. –
Beinah schon dunkel. Nacht. Grabesnacht. Am liebsten möcht
ich tot sein. – Es ist ja gar nicht wahr. Wenn ich jetzt gleich hinun-
terginge, Dorsday noch vor dem Diner spräche? Ah, wie entsetz-

---

[1] (österr.) Gefängnis
[2] (frz.) zur Gelegenheit passende Kleidung

lich! – Paul, wenn du mir die dreißigtausend verschaffst, kannst
du von mir haben, was du willst. Das ist ja schon wieder aus einem Roman. Die edle Tochter verkauft sich für den geliebten Vater, und hat am End noch ein Vergnügen davon. Pfui Teufel! Nein,
5 Paul, auch für dreißigtausend kannst du von mir nichts haben.
Niemand. Aber für eine Million? – Für ein Palais? Für eine Perlen-
schnur? Wenn ich einmal heirate, werde ich es wahrscheinlich
billiger tun. Ist es denn gar so schlimm? Die Fanny hat sich am
Ende auch verkauft. Sie hat mir selber gesagt, daß sie sich vor ih-
10 rem Manne graust. Nun, wie wär's, Papa, wenn ich mich heute
abend versteigerte? Um dich vor dem Zuchthaus zu retten. Sensa-
tion –! Ich habe Fieber, ganz gewiß. Oder bin ich schon unwohl?
Nein, Fieber habe ich. Vielleicht von der Luft. Wie Champagner.
– Wenn Fred hier wäre, könnte er mir raten? Ich brauche keinen
15 Rat. Es gibt ja auch nichts zu raten. Ich werde mit Herrn Dorsday
aus Eperies[1] sprechen, werde ihn anpumpen, ich die Hochgemu-
te, die Aristokratin, die Marchesa, die Bettlerin, die Tochter des
Defraudanten[2]. Wie komm ich dazu? Wie komm ich dazu? Keine
klettert so gut wie ich, keine hat so viel Schneid, – sporting girl, in
20 England hätte ich auf die Welt kommen sollen, oder als Gräfin.
Da hängen die Kleider im Kasten[3]! Ist das grüne Loden überhaupt
schon bezahlt, Mama? Ich glaube nur eine Anzahlung. Das
Schwarze zieh ich an. Sie haben mich gestern alle angestarrt.
Auch der blasse kleine Herr mit dem goldenen Zwicker[4]. Schön
25 bin ich eigentlich nicht, aber interessant. Zur Bühne hätte ich
gehen sollen. Bertha hat schon drei Liebhaber, keiner nimmt es
ihr übel ... In Düsseldorf war es der Direktor. Mit einem verheirateten Manne war sie in Hamburg und hat im Atlantic gewohnt,
Appartement mit Badezimmer. Ich glaub gar, sie ist stolz darauf.
30 Dumm sind sie alle. Ich werde hundert Geliebte haben, tausend,
warum nicht? Der Ausschnitt ist nicht tief genug; wenn ich verheiratet wäre, dürfte er tiefer sein. – Gut, daß ich Sie treffe, Herr

---

[1] Ironie Elses: Sie unterschlägt das Adelsprädikat und spielt auf v. D. Herkunft aus einer slowakischen Stadt an.
[2] (frz.) Betrüger, der Geld unterschlägt
[3] (österr.) Kleiderschrank
[4] Brille ohne Bügel, die man sich auf die Nase klemmt

von Dorsday, ich bekomme da eben einen Brief aus Wien ... Den Brief stecke ich für alle Fälle zu mir. Soll ich dem Stubenmädchen läuten? Nein, ich mache mich allein fertig. Zu dem schwarzen Kleid brauche ich niemanden. Wäre ich reich, würde ich nie ohne
5 Kammerjungfer reisen.

Ich muß Licht machen. Kühl wird es. Fenster zu. Vorhang herunter? – Überflüssig. Steht keiner auf dem Berg drüben mit einem Fernrohr. Schade. – Ich bekomme da eben einen Brief, Herr von Dorsday. – Nach dem Dinner wäre es doch vielleicht besser. Man
10 ist in leichterer Stimmung. Auch Dorsday – ich könnt ja ein Glas Wein vorher trinken. Aber wenn die Sache vor dem Diner abgetan wäre, würde mir das Essen besser schmecken. Pudding à la merveille, fromage et fruits divers[1]. Und wenn Herr von Dorsday Nein sagt – Oder wenn er gar frech wird? Ah nein, mit mir ist noch
15 keiner frech gewesen. Das heißt, der Marineleutnant Brandl, aber es war nicht bös gemeint. – Ich bin wieder etwas schlanker geworden. Das steht mir gut. – Die Dämmerung starrt herein. Wie ein Gespenst starrt sie herein. Wie hundert Gespenster. Aus meiner Wiese herauf steigen die Gespenster. Wie weit ist Wien? Wie lan-
20 ge bin ich schon fort? Wie allein bin ich da! Ich habe keine Freundin, ich habe auch keinen Freund. Wo sind sie alle? Wen werd ich heiraten? Wer heiratet die Tochter eines Defraudanten? – Eben erhalte ich einen Brief, Herr von Dorsday. – ‚Aber es ist doch gar nicht der Rede wert, Fräulein Else, gestern erst habe ich einen
25 Rembrandt[2] verkauft, Sie beschämen mich, Fräulein Else.‘ Und jetzt reißt er ein Blatt aus seinem Scheckbuch und unterschreibt mit seiner goldenen Füllfeder; und morgen früh fahr ich mit dem Scheck nach Wien. Jedenfalls; auch ohne Scheck. Ich bleibe nicht mehr hier. Ich könnte ja gar nicht, ich dürfte ja gar nicht. Ich lebe
30 hier als elegante junge Dame und Papa steht mit einem Fuß im Grab – nein im Kriminal. Das vorletzte Paar Seidenstrümpfe. Den kleinen Riß grad unterm Knie merkt niemand. Niemand? Wer

---

[1] (frz.) Desserts: exquisiter Pudding, Käse und verschiedene Früchte
[2] Rembrandt (1606–1669), flämischer Maler; indirekter Verweis auf R.s Gemälde „Das Brautpaar", auf dem ein reicher älterer Mann ein sehr junges Mädchen zärtlich berührt (s. S. 122)

weiß. Nicht frivol sein, Else. – Bertha ist einfach ein Luder. Aber ist die Christine um ein Haar besser? Ihr künftiger Mann kann sich freuen. Mama war gewiß immer eine treue Gattin. Ich werde nicht treu sein. Ich bin hochgemut, aber ich werde nicht treu sein.

5 Die Filous sind mir gefährlich. Die Marchesa hat gewiß einen Filou zum Liebhaber. Wenn Fred mich wirklich kennte, dann wäre es aus mit seiner Verehrung. – ‚Aus Ihnen hätte alles Mögliche werden können, Fräulein, eine Pianistin, eine Buchhalterin, eine Schauspielerin, es stecken so viele Möglichkeiten in Ihnen. Aber

10 es ist Ihnen immer zu gut gegangen.‘ Zu gut gegangen. Haha. Fred überschätzt mich. Ich hab ja eigentlich zu nichts Talent. – Wer weiß? So weit wie Bertha hätte ich es auch noch gebracht. Aber mir fehlt es an Energie. Junge Dame aus guter Familie. Ha, gute Familie. Der Vater veruntreut Mündelgelder. Warum tust du

15 mir das an, Papa? Wenn du noch etwas davon hättest! Aber an der Börse verspielt! Ist das der Mühe wert? Und die dreißigtausend werden dir auch nichts helfen. Für ein Vierteljahr vielleicht. Endlich wird er doch durchgehen müssen. Vor anderthalb Jahren war es ja fast schon so weit. Da kam noch Hilfe. Aber einmal wird sie

20 nicht kommen – und was geschieht dann mit uns? Rudi wird nach Rotterdam gehen zu Vanderhulst in die Bank. Aber ich? Reiche Partie. O, wenn ich es darauf anlegte! Ich bin heute wirklich schön. Das macht wahrscheinlich die Aufregung. Für wen bin ich schön? Wäre ich froher, wenn Fred hier wäre? Ach Fred ist im

25 Grunde nichts für mich. Kein Filou! Aber ich nähme ihn, wenn er Geld hätte. Und dann käme ein Filou – und das Malheur wäre fertig. – Sie möchten wohl gern ein Filou sein, Herr von Dorsday? – Von weitem sehen Sie manchmal auch so aus. Wie ein verlebter Vicomte[1], wie ein Don Juan[2] – mit Ihrem blöden Monocle[3] und

30 Ihrem weißen Flanellanzug. Aber ein Filou sind Sie noch lange nicht. – Habe ich alles? Fertig zum ‚Dinner‘? – Was tue ich aber eine Stunde lang, wenn ich Dorsday nicht treffe? Wenn er mit der unglücklichen Frau Winawer spazierengeht? Ach, sie ist gar nicht

---

[1] frz. Adelstitel
[2] hier: Verführer
[3] ein Augenglas, das man sich direkt vor das Auge klemmt

unglücklich, sie braucht keine dreißigtausend Gulden. Also ich
werde mich in die Halle setzen, großartig in einen Fauteuil[1],
schau mir die Illustrated News an und die Vie parisienne[2], schlage
die Beine übereinander, – den Riß unter dem Knie wird man
nicht sehen. Vielleicht ist gerade ein Milliardär angekommen. –
Sie oder keine. – Ich nehme den weißen Schal, der steht mir gut.
Ganz ungezwungen lege ich ihn um meine herrlichen Schultern.
Für wen habe ich sie denn, die herrlichen Schultern? Ich könnte
einen Mann sehr glücklich machen. Wäre nur der rechte Mann
da. Aber Kind will ich keines haben. Ich bin nicht mütterlich.
Marie Weil ist mütterlich. Mama ist mütterlich, Tante Irene ist
mütterlich. Ich habe eine edle Stirn und eine schöne Figur. –
,Wenn ich Sie malen dürfte, wie ich wollte, Fräulein Else.' – Ja, das
möchte Ihnen passen. Ich weiß nicht einmal seinen Namen
mehr. Tizian[3] hat er keineswegs geheißen, also war es eine Frech-
heit. – Eben erhalte ich einen Brief, Herr von Dorsday. – Noch etwas Puder auf den Nacken und Hals, einen Tropfen Verveine[4] ins
Taschentuch, Kasten zusperren, Fenster wieder auf, ah, wie wun-
derbar! Zum Weinen. Ich bin nervös. Ach, soll man nicht unter
solchen Umständen nervös sein. Die Schachtel mit dem Veronal
hab ich bei den Hemden. Auch neue Hemden brauchte ich. Das
wird wieder eine Affäre sein. Ach Gott.
Unheimlich, riesig der Cimone, als wenn er auf mich herunterfallen wollte! Noch kein Stern am Himmel. Die Luft ist wie Champagner. Und der Duft von den Wiesen! Ich werde auf dem Land leben. Einen Gutsbesitzer werde ich heiraten und Kinder werde ich
haben. Doktor Froriep war vielleicht der einzige, mit dem ich
glücklich geworden wäre. Wie schön waren die beiden Abende
hintereinander, der erste bei Kniep, und dann der auf dem Künst-
lerball. Warum ist er plötzlich verschwunden – wenigstens für
mich? Wegen Papa vielleicht? Wahrscheinlich. Ich möchte einen

---

[1] (frz.) Sessel
[2] illustrierte Zeitschriften, Modejournale
[3] italienischer Maler der Renaissance (1488–1576). Von T. gibt es im Wiener Kunsthistorischen Museum ein Gemälde „Mädchen im Pelz", das als
Illustration der Schlussszene gesehen werden kann (s, S. 1??).
[4] (frz.) Parfum auf der Basis von Eisenkraut

Gruß in die Luft hinausrufen, ehe ich wieder hinuntersteige unter das Gesindel. Aber zu wem soll der Gruß gehen? Ich bin ja ganz allein. Ich bin ja so furchtbar allein, wie es sich niemand vorstellen kann. Sei gegrüßt, mein Geliebter. Wer? Sei gegrüßt,
5 mein Bräutigam! Wer? Sei gegrüßt, mein Freund! Wer? – Fred? – Aber keine Spur. So, das Fenster bleibt offen. Wenn's auch kühl wird. Licht abdrehen. So. – Ja richtig, den Brief. Ich muß ihn zu mir nehmen für alle Fälle. Das Buch aufs Nachtkastel, ich lese heut nacht noch weiter in Not. „Notre Cœur[1]", unbedingt, was
10 immer geschieht. Guten Abend, schönstes Fräulein im Spiegel, behalten Sie mich in gutem Angedenken, auf Wiedersehen ...
Warum sperre ich die Tür zu? Hier wird nichts gestohlen. Ob Cissy in der Nacht ihre Türe offen läßt? Oder sperrt sie ihm erst auf, wenn er klopft? Ist es denn ganz sicher? Aber natürlich. Dann
15 liegen sie zusammen im Bett. Unappetitlich. Ich werde kein gemeinsames Schlafzimmer haben mit meinem Mann und mit meinen tausend Geliebten. – Leer ist das ganze Stiegenhaus[2]! Immer um diese Zeit. Meine Schritte hallen. Drei Wochen bin ich jetzt da. Am zwölften August bin ich von Gmunden[3] abgereist.
20 Gmunden war langweilig. Woher hat der Papa das Geld gehabt, Mama und mich aufs Land zu schicken? Und Rudi war sogar vier Wochen auf Reisen. Weiß Gott wo. Nicht zweimal hat er geschrieben in der Zeit. Nie werde ich unsere Existenz verstehen. Schmuck hat die Mama freilich keinen mehr. – Warum war Fred nur zwei
25 Tage in Gmunden? Hat sicher auch eine Geliebte! Vorstellen kann ich es mir zwar nicht. Ich kann mir überhaupt gar nichts vorstellen. Acht Tage sind es, daß er mir nicht geschrieben hat. Er schreibt schöne Briefe. – Wer sitzt denn dort an dem kleinen Tisch? Nein, Dorsday ist es nicht. Gott sei Dank. Jetzt vor dem
30 Diner wäre es doch unmöglich, ihm etwas zu sagen. – Warum schaut mich der Portier so merkwürdig an? Hat er am Ende den Expreßbrief von der Mama gelesen? Mir scheint, ich bin verrückt. Ich muß ihm nächstens wieder ein Trinkgeld geben. – Die Blonde

---

[1] Roman von Guy de Maupassant (1850–1893)
[2] (österr.) Treppenhaus
[3] österr. Stadt im Salzkammergut

da ist auch schon zum Diner angezogen. Wie kann man so dick sein! – Ich werde noch vors Hotel hinaus und ein bißchen auf und ab gehen. Oder ins Musikzimmer? Spielt da nicht wer? Eine Beethovensonate! Wie kann man hier eine Beethovensonate spielen!
5 Ich vernachlässige mein Klavierspiel. In Wien werde ich wieder regelmäßig üben. Überhaupt ein anderes Leben anfangen. Das müssen wir alle. So darf es nicht weitergehen. Ich werde einmal ernsthaft mit Papa sprechen – wenn noch Zeit dazu sein sollte. Es wird, es wird. Warum habe ich es noch nie getan? Alles in unse-
10 rem Haus wird mit Scherzen erledigt, und keinem ist scherzhaft zumut. Jeder hat eigentlich Angst vor dem andern, jeder ist allein. Die Mama ist allein, weil sie nicht gescheit genug ist und von niemandem was weiß, nicht von mir, nicht von Rudi und nicht vom Papa. Aber sie spürt es nicht und Rudi spürt es auch nicht. Er
15 ist ja ein netter eleganter Kerl, aber mit einundzwanzig hat er mehr versprochen. Es wird gut für ihn sein, wenn er nach Holland geht. Aber wo werde ich hingehen? Ich möchte fortreisen und tun können was ich will. Wenn Papa nach Amerika durchgeht, begleite ich ihn. Ich bin schon ganz konfus[1] ... Der Portier
20 wird mich für wahnsinnig halten, wie ich da auf der Lehne sitze und in die Luft starre. Ich werde mir eine Zigarette anzünden. Wo ist meine Zigarettendose? Oben. Wo nur? Das Veronal habe ich bei der Wäsche. Aber wo habe ich die Dose? Da kommen Cissy und Paul. Ja, sie muß sich endlich umkleiden zum ‚Dinner‘,
25 sonst hätten sie noch im Dunkeln weitergespielt. – Sie sehen mich nicht. Was sagt er ihr denn? Warum lacht sie so blitzdumm? Wär lustig, ihrem Gatten einen anonymen Brief nach Wien zu schreiben. Wäre ich so was imstande? Nie. Wer weiß? Jetzt haben sie mich gesehen. Ich nicke ihnen zu. Sie ärgert sich, daß ich so
30 hübsch aussehe. Wie verlegen sie ist.
   „Wie, Else, Sie sind schon fertig zum Diner?“ – Warum sagt sie jetzt Diner und nicht Dinner. Nicht einmal konsequent ist sie. – „Wie Sie sehen, Frau Cissy.“ – *„Du siehst wirklich entzückend aus, Else, ich hätte große Lust, dir den Hof zu machen.“* – „Erspar
35 dir die Mühe, Paul, gib mir lieber eine Zigarette.“ – *„Aber mit*

---

[1] durcheinander, verwirrt

Wonne." – „Dank schön. Wie ist das Single ausgefallen?" – *„Frau Cissy hat mich dreimal hintereinander geschlagen."* – *„Er war näm- lich zerstreut. Wissen Sie übrigens, Else, daß morgen der Kronprinz von Griechenland hier ankommt?"* – Was kümmert mich der
5 Kronprinz von Griechenland? „So, wirklich?" O Gott, – Dorsday mit Frau Winawer! Sie grüßen. Sie gehen weiter. Ich habe zu höflich zurückgegrüßt. Ja, ganz anders als sonst. O, was bin ich für eine Person. – *„Deine Zigarette brennt ja nicht, Else?"* – „Also, gib mir noch einmal Feuer. Danke." – *„Ihr Schal ist sehr hübsch,*
10 *Else, zu dem schwarzen Kleid steht er Ihnen fabelhaft. Übrigens muß ich mich jetzt auch umziehen."* – Sie soll lieber nicht wegge- hen, ich habe Angst vor Dorsday. – *„Und für sieben, habe ich mir die Friseurin bestellt, sie ist famos. Im Winter ist sie in Mailand. Also adieu, Else, adieu, Paul."* – „Küss die Hand, gnädige Frau."
15 „Adieu, Frau Cissy." – Fort ist sie. Gut, daß Paul wenigstens da- bleibt. *„Darf ich mich einen Moment zu dir setzen, Else, oder stör ich dich in deinen Träumen?"* – „Warum in meinen Träumen? Vielleicht in meinen Wirklichkeiten." Das heißt eigentlich gar nichts. Er soll lieber fortgehen. Ich muß ja doch mit Dorsday
20 sprechen. Dort steht er noch immer mit der unglücklichen Frau Winawer, er langweilt sich, ich seh es ihm an, er möchte zu mir herüberkommen. – *„Gibt es denn solche Wirklichkeiten, in denen du nicht gestört sein willst?"* – Was sagt er da? Er soll zum Teufel gehen. Warum lächle ich ihn so kokett an? Ich mein ihn ja gar
25 nicht. Dorsday schielt herüber. Wo bin ich? Wo bin ich? *„Was hast du denn heute, Else?"* – „Was soll ich denn haben?" – *„Du bist geheimnisvoll, dämonisch, verführerisch."* – „Red keinen Unsinn, Paul." *„Man könnte geradezu toll werden, wenn man dich ansieht."* – Was fällt ihm denn ein? Wie redet er denn zu mir? Hübsch ist
30 er. Der Rauch meiner Zigarette verfängt sich in seinen Haaren. Aber ich kann ihn jetzt nicht brauchen. – *„Du siehst so über mich hinweg. Warum denn, Else?"* – Ich antworte gar nichts. Ich kann ihn jetzt nicht brauchen. Ich mache mein unausstehlichstes Gesicht. Nur keine Konversation jetzt. – *„Du bist mit deinen Ge-*
35 *danken ganz woanders."* – „Das dürfte stimmen." Er ist Luft für mich. Merkt Dorsday, daß ich ihn erwarte? Ich sehe nicht hin, aber ich weiß, daß er hersieht. – *„Also, leb wohl, Else,"* – Gott sei

Dank. Er küßt mir die Hand. Das tut er sonst nie. „Adieu, Paul."
Wo hab ich die schmelzende Stimme her? Er geht, der Schwindler. Wahrscheinlich muß er noch etwas abmachen mit Cissy
wegen heute nacht. Wünsche viel Vergnügen. Ich ziehe den
5 Schal um meine Schulter und stehe auf und geh vors Hotel hinaus. Wird freilich schon etwas kühl sein. Schad, daß ich meinen Mantel – Ah, ich habe ihn ja heute früh in die Portierloge
hineingehängt. Ich fühle den Blick von Dorsday auf meinem
Nacken, durch den Schal. Frau Winawer geht jetzt hinauf in ihr
10 Zimmer. Wieso weiß ich denn das? Telepathie. „Ich bitte Sie,
Herr Portier –" *„Fräulein wünschen den Mantel?"* – „Ja, bitte." –
*„Schon etwas kühl die Abende, Fräulein. Das kommt bei uns so
plötzlich."* – „Danke." Soll ich wirklich vors Hotel? Gewiß, was
denn? Jedenfalls zur Türe hin. Jetzt kommt einer nach dem an-
15 dern. Der Herr mit dem goldenen Zwicker. Der lange Blonde
mit der grünen Weste. Alle sehen sie mich an. Hübsch ist diese
kleine Genferin. Nein, aus Lausanne ist sie. Es ist eigentlich gar
nicht so kühl.
   „Guten Abend, Fräulein Else." – Um Gottes willen, er ist es. Ich
20 sage nichts von Papa. Kein Wort. Erst nach dem Essen. Oder ich
reise morgen nach Wien. Ich gehe persönlich zu Doktor Fiala.
Warum ist mir das nicht gleich eingefallen? Ich wende mich um
mit einem Gesicht, als wüßte ich nicht, wer hinter mir steht. „Ah,
Herr von Dorsday." – *„Sie wollen noch einen Spaziergang machen,
25 Fräulein Else?"* – „Ach, nicht gerade einen Spaziergang, ein bißchen auf und ab gehen vor dem Diner." – *„Es ist fast noch eine
Stunde bis dahin."* – „Wirklich?" Es ist gar nicht so kühl. Blau sind
die Berge. Lustig wär's, wenn er plötzlich um meine Hand an-
hielte. – *„Es gibt doch auf der Welt keinen schöneren Fleck als diesen
30 hier."* – „Finden Sie, Herr von Dorsday? Aber bitte, sagen Sie
nicht, daß die Luft hier wie Champagner ist." – *„Nein, Fräulein
Else, das sage ich erst von zweitausend Metern an. Und hier stehen
wir kaum sechzehnhundertfünfzig über dem Meeresspiegel."* –
„Macht das einen solchen Unterschied?" – *„Aber selbstverständ-
35 lich. Waren Sie schon einmal im Engadin[1]?"* – „Nein, noch nie. Also

---

[1] Hochtal in der Schweiz

dort ist die Luft wirklich wie Champagner?" – *„Man könnte es beinah sagen. Aber Champagner ist nicht mein Lieblingsgetränk. Ich ziehe diese Gegend vor. Schon wegen der wundervollen Wälder."* – Wie langweilig er ist. Merkt er das nicht? Er weiß offenbar nicht recht, was er mit mir reden soll. Mit einer verheirateten Frau wäre es einfacher. Man sagt eine kleine Unanständigkeit und die Konversation geht weiter. – *„Bleiben Sie noch längere Zeit hier in San Martino, Fräulein Else?"* – Idiotisch. Warum schau ich ihn so kokett an? Und schon lächelt er in der gewissen Weise. Nein, wie dumm die Männer sind. „Das hängt zum Teil von den Dispositionen meiner Tante ab." Ist ja gar nicht wahr. Ich kann ja allein nach Wien fahren. „Wahrscheinlich bis zum Zehnten." – *„Die Mama ist wohl noch in Gmunden?"* – „Nein, Herr von Dorsday. Sie ist schon in Wien. Schon seit drei Wochen. Papa ist auch in Wien. Er hat sich heuer kaum acht Tage Urlaub genommen. Ich glaube, der Prozeß Erbesheimer macht ihm sehr viel Arbeit." – *„Das kann ich mir denken. Aber Ihr Papa ist wohl der einzige, der Erbesheimer herausreißen kann ... Es bedeutet ja schon einen Erfolg, daß es überhaupt eine Zivilsache geworden ist[1]."* – Das ist gut, das ist gut. „Es ist mir angenehm zu hören, daß auch Sie ein so günstiges Vorgefühl haben." – *„Vorgefühl? Inwiefern?"* – „Ja, daß der Papa den Prozeß für Erbesheimer gewinnen wird." – *„Das will ich nicht einmal mit Bestimmtheit behauptet haben."* – Wie, weicht er schon zurück? Das soll ihm nicht gelingen. „O, ich halte etwas von Vorgefühlen und von Ahnungen. Denken Sie, Herr von Dorsday, gerade heute habe ich einen Brief von zu Hause bekommen." Das war nicht sehr geschickt. Er macht ein etwas verblüfftes Gesicht. Nur weiter, nicht schlucken. Er ist ein guter alter Freund von Papa. Vorwärts. Vorwärts. Jetzt oder nie. „Herr von Dorsday, Sie haben eben so lieb von Papa gesprochen, es wäre geradezu hässlich von mir, wenn ich nicht ganz aufrichtig zu Ihnen wäre." Was macht er denn für Kalbsaugen? O weh, er merkt was. Weiter, weiter. „Nämlich in dem Brief ist auch von Ihnen die Rede, Herr von Dorsday. Es ist nämlich ein Brief von Mama." *„So."* – „Eigentlich ein sehr trauriger Brief. Sie kennen ja die Verhältnisse in unserem Haus,

---

[1] ... zu einer Sache privaten Rechts geworden ist

Herr von Dorsday." – Um Himmels willen, ich habe ja Tränen in
der Stimme. Vorwärts, vorwärts, jetzt gibt es kein Zurück mehr.
Gott sei Dank. „Kurz und gut, Herr von Dorsday, wir wären wieder einmal so weit." – Jetzt möchte er am liebsten verschwinden.
5 „Es handelt sich – um eine Bagatelle[1]. Wirklich nur um eine Bagatelle, Herr von Dorsday. Und doch, wie Mama schreibt, steht alles
auf dem Spiel." Ich rede so blöd daher wie eine Kuh. – *Aber beru-*
higen Sie sich doch, Fräulein Else. " – Das hat er nett gesagt. Aber
meinen Arm brauchte er darum nicht zu berühren. – *„Also, was*
10 *gibt's denn eigentlich, Fräulein Else? Was steht denn in dem traurigen*
Brief von Mama!" – „Herr von Dorsday, der Papa" – Mir zittern die
Knie. „Die Mama schreibt mir, daß der Papa" – *„Aber um Gottes*
willen, Else, was ist Ihnen denn? Wollen Sie nicht lieber – hier ist eine
Bank. Darf ich Ihnen den Mantel umgeben? Es ist etwas kühl." –
15 „Danke, Herr von Dorsday, o, es ist nichts, gar nichts Besonde-
res." So, da sitze ich nun plötzlich auf der Bank. Wer ist die Dame,
die da vorüberkommt? Kenn ich gar nicht. Wenn ich nur nicht
weiterreden müßte. Wie er mich ansieht! Wie konntest du das
von mir verlangen, Papa? Das war nicht recht von dir, Papa. Nun
20 ist es einmal geschehen. Ich hätte bis nach dem Diner warten
sollen, – *„Nun, Fräulein Else?"* – Sein Monokel baumelt. Dumm
sieht das aus. Soll ich ihm antworten? Ich muß ja. Also geschwind,
damit ich es hinter mir habe. Was kann mir denn passieren? Er ist
ein Freund von Papa. „Ach Gott, Herr von Dorsday, Sie sind ja ein
25 alter Freund unseres Hauses." Das habe ich sehr gut gesagt. „Und
es wird Sie wahrscheinlich nicht wundern, wenn ich Ihnen erzähle, daß Papa sich wieder einmal in einer recht fatalen Situation
befindet." Wie merkwürdig meine Stimme klingt. Bin das ich, die
da redet? Träume ich vielleicht? Ich habe gewiß jetzt auch ein
30 ganz anderes Gesicht als sonst. – *„Es wundert mich allerdings nicht*
übermäßig. Da haben Sie schon recht, liebes Fräulein Else, – wenn ich
es auch lebhaft bedauere." – Warum sehe ich denn so flehend zu
ihm auf? Lächeln, lächeln. Geht schon. – *„Ich empfinde für Ihren*
Papa eine so aufrichtige Freundschaft, für Sie alle." – Er soll mich
35 nicht so ansehen, es ist unanständig. Ich will anders zu ihm re-

---

[1] (frz.) Kleinigkeit

den und nicht lächeln. Ich muß mich würdiger benehmen. „Nun, Herr von Dorsday, jetzt hätten Sie Gelegenheit, Ihre Freundschaft für meinen Vater zu beweisen." Gott sei Dank, ich habe meine alte Stimme wieder. „Es scheint nämlich, Herr von Dorsday, daß
5 alle unsere Verwandten und Bekannten – die Mehrzahl ist noch nicht in Wien – sonst wäre Mama wohl nicht auf die Idee gekommen. – Neulich habe ich nämlich zufällig in einem Brief an Mama Ihrer Anwesenheit hier in Martino Erwähnung getan – unter anderem natürlich." *„Ich vermutete gleich, Fräulein Else, daß ich*
10 *nicht das einzige Thema Ihrer Korrespondenz mit Mama vorstelle."* – Warum drückt er seine Knie an meine, während er da vor mir steht. Ach, ich lasse es mir gefallen. Was tut's! Wenn man einmal so tief gesunken ist. – „Die Sache verhält sich nämlich so, Doktor Fiala ist es, der diesmal dem Papa besondere Schwierigkeiten zu
15 bereiten scheint." – *„Ach, Doktor Fiala."* – Er weiß offenbar auch, was er von diesem Fiala zu halten hat. „Ja, Doktor Fiala. Und die Summe, um die es sich handelt, soll am Fünften, das ist übermorgen um zwölf Uhr mittag, – vielmehr, sie muß in seinen Händen sein, wenn nicht der Baron Höning – ja, denken Sie, der Baron
20 hat Papa zu sich bitten lassen, privat, er liebt ihn nämlich sehr." Warum red ich denn von Höning, das wär ja gar nicht notwendig gewesen. – *„Sie wollen sagen, Else, daß andernfalls eine Verhaftung unausbleiblich wäre?"* – Warum sagt er das so hart? Ich antworte nicht, ich nicke nur. „Ja." Nun habe ich doch Ja gesagt. – *„Hm, das*
25 *ist ja – schlimm, das ist ja wirklich sehr – dieser hochbegabte geniale Mensch, – Und um welchen Betrag handelt es sich denn eigentlich, Fräulein Else?"* – Warum lächelt er denn? Er findet es schlimm und er lächelt. Was meint er mit seinem Lächeln? Daß es gleichgültig ist wieviel? Und wenn er Nein sagt! Ich bring mich um,
30 wenn er Nein sagt. Also, ich soll die Summe nennen. „Wie, Herr von Dorsday, ich habe noch nicht gesagt, wieviel? Eine Million." Warum sag ich das? Es ist doch jetzt nicht der Moment zum Spaßen? Aber wenn ich ihm dann sage, um wieviel weniger es in Wirklichkeit ist, wird er sich freuen. Wie er die Augen aufreißt?
35 Hält er es am Ende wirklich für möglich, daß ihn der Papa um eine Million – „Entschuldigen Sie, Herr von Dorsday, daß ich in diesem Augenblick scherze. Es ist mir wahrhaftig nicht scherz-

haft zumute." – Ja, ja, drück die Knie nur an, du darfst es dir ja erlauben. „Es handelt sich natürlich nicht um eine Million, es handelt sich im ganzen um dreißigtausend Gulden, Herr von Dorsday, die bis übermorgen mittag um zwölf Uhr in den Hän-
5 den des Herrn Doktor Fiala sein müssen. Ja. Mama schreibt mir, daß Papa alle möglichen Versuche gemacht hat, aber wie gesagt, die Verwandten, die in Betracht kämen, befinden sich nicht in Wien." – O, Gott, wie ich mich erniedrige. – „Sonst wäre es dem Papa natürlich nicht eingefallen, sich an Sie zu wenden, Herr von
10 Dorsday, respektive mich zu bitten –" Warum schweigt er? Warum bewegt er keine Miene? Warum sagt er nicht Ja? Wo ist das Scheckbuch und die Füllfeder? Er wird doch um Himmels willen nicht Nein sagen? Soll ich mich auf die Knie vor ihm werfen? O Gott! O Gott –
15 „Am Fünften sagten Sie, Fräulein Else?" – Gott sei Dank, er spricht. „Jawohl übermorgen, Herr von Dorsday, um zwölf Uhr mittags. Es wäre also nötig – ich glaube, brieflich ließe sich das kaum mehr erledigen." – „Natürlich nicht, Fräulein Else, das müßten wir wohl auf telegraphischem Wege" – ‚Wir‘, das ist gut, das ist sehr gut. „Nun, das
20 wäre das wenigste. Wieviel sagten Sie, Else?" – Aber er hat es ja gehört, warum quält er mich denn? „Dreißigtausend, Herr von Dorsday. Eigentlich eine lächerliche Summe." Warum habe ich das gesagt? Wie dumm. Aber er lächelt. Dummes Mädel, denkt er. Er lächelt ganz liebenswürdig. Papa ist gerettet. Er hätte ihm auch fünfzig-
25 tausend geliehen, und wir hätten uns allerlei anschaffen können. Ich hätte mir neue Hemden gekauft. Wie gemein ich bin. So wird man. – „Nicht ganz so lächerlich, liebes Kind" – Warum sagt er ‚liebes Kind‘? Ist das gut oder schlecht? – „wie Sie sich das vorstellen. Auch dreißigtausend Gulden wollen verdient sein." – „Entschuldigen Sie,
30 Herr von Dorsday, nicht so habe ich es gemeint. Ich dachte nur, wie traurig es ist, daß Papa wegen einer solchen Summe, wegen einer solchen Bagatelle" – Ach Gott, ich verhasple[1] mich ja schon wieder. „Sie können sich gar nicht denken, Herr von Dorsday, – wenn Sie auch einen gewissen Einblick in unsere Verhältnisse haben, wie
35 furchtbar es für mich und besonders für Mama ist" – Er stellt den

---

[1] sich versprechen, Worte durcheinanderbringen

einen Fuß auf die Bank. Soll das elegant sein – oder was? – *„O, ich
kann mir schon denken, liebe Else."* – Wie seine Stimme klingt, ganz
anders, merkwürdig. – *„Und ich habe mir selbst schon manchesmal
gedacht: schade, schade um diesen genialen Menschen."* – Warum sagt
er ‚schade'? Will er das Geld nicht hergeben? Nein, er meint es nur
im allgemeinen. Warum sagt er nicht endlich Ja? Oder nimmt er
das als selbstverständlich an? Wie er mich ansieht! Warum spricht
er nicht weiter? Ah, weil die zwei Ungarinnen vorbeigehen. Nun
steht er wenigstens wieder anständig da, nicht mehr mit dem Fuß
auf der Bank. Die Krawatte ist zu grell für einen älteren Herrn.
Sucht ihm die seine Geliebte aus? Nichts besonders Feines ‚unter
uns', schreibt Mama. Dreißigtausend Gulden! Aber ich lächle ihn
ja an. Warum lächle ich denn? O, ich bin feig. – *„Und wenn man
wenigstens annehmen dürfte, mein liebes Fräulein Else, daß mit dieser
Summe wirklich etwas getan wäre? Aber – Sie sind doch ein so kluges
Geschöpf, Else, was wären diese dreißigtausend Gulden? Ein Tropfen
auf einen heißen Stein."* – Um Gotteswillen, er will das Geld nicht
hergeben? Ich darf kein so erschrockenes Gesicht machen. Alles
steht auf dem Spiel. Jetzt muß ich etwas Vernünftiges sagen und
energisch. „O nein, Herr von Dorsday, diesmal wäre es kein Tropfen auf einen heißen Stein. Der Prozeß Erbesheimer steht bevor,
vergessen Sie das nicht, Herr von Dorsday, und der ist schon heute
so gut wie gewonnen. Sie hatten ja selbst diese Empfindung, Herr
von Dorsday. Und Papa hat auch noch andere Prozesse. Und au-
ßerdem habe ich die Absicht, Sie dürfen nicht lachen, Herr von
Dorsday, mit Papa zu sprechen, sehr ernsthaft. Er hält etwas auf
mich. Ich darf sagen, wenn jemand einen gewissen Einfluß auf ihn
zu nehmen imstande ist, so bin es noch am ehesten ich" – *„Sie sind
ja ein rührendes, ein entzückendes Geschöpf, Fräulein Else."* – Seine
Stimme klingt schon wieder. Wie zuwider ist mir das, wenn es so
zu klingen anfängt bei den Männern. Auch bei Fred mag ich es
nicht. – *„Ein entzückendes Geschöpf in der Tat."* – Warum sagt er ‚in
der Tat'? Das ist abgeschmackt. Das sagt man doch nur im Burg-
theater. – *„Aber so gern ich Ihren Optimismus teilen möchte – wenn der
Karren einmal so verfahren ist."* – „Das ist es nicht, Herr von Dorsday. Wenn ich an Papa nicht glauben würde, wenn ich nicht ganz
überzeugt wäre, daß diese dreißigtausend Gulden" – Ich weiß

nicht, was ich weiter sagen soll. Ich kann ihn doch nicht geradezu anbetteln. Er überlegt. Offenbar. Vielleicht weiß er die Adresse von Fiala nicht? Unsinn. Die Situation ist unmöglich. Ich sitze da wie eine arme Sünderin. Er steht vor mir und bohrt mir das Monokel in
5 die Stirn und schweigt. Ich werde jetzt aufstehen, das ist das beste. Ich lasse mich nicht so behandeln. Papa soll sich umbringen. Ich werde mich auch umbringen. Eine Schande dieses Leben. Am besten wär's, sich dort von dem Felsen hinunterzustürzen und aus wär's. Geschähe euch recht, allen. Ich stehe auf. – *„Fräulein Else"* –
10 „Entschuldigen Sie, Herr von Dorsday, daß ich Sie unter diesen Umständen überhaupt bemüht habe. Ich kann Ihr ablehnendes Verhalten natürlich vollkommen verstehen" – So, aus, ich gehe. – *„Bleiben Sie, Fräulein Else."* – Bleiben Sie, sagt er? Warum soll ich bleiben? Er gibt das Geld her. Ja. Ganz bestimmt. Er muß ja. Aber
15 ich setze mich nicht noch einmal nieder. Ich bleibe stehen, als wär es nur für eine halbe Sekunde. Ich bin ein bißchen größer als er. – *„Sie haben meine Antwort noch nicht abgewartet, Else. Ich war ja schon einmal, verzeihen Sie, Else, daß ich das in diesem Zusammenhang erwähne"* – Er müßte nicht so oft Else sagen – *„in der Lage, dem Papa*
20 *aus einer Verlegenheit zu helfen. Allerdings mit einer – noch lächerlicheren Summe als diesmal, und schmeichelte mir keineswegs mit der Hoffnung, diesen Betrag jemals wiedersehen zu dürfen, – und so wäre eigentlich kein Grund vorhanden, meine Hilfe diesmal zu verweigern. Und gar wenn ein junges Mädchen wie Sie, Else, wenn Sie selbst als Fürbitte-*
25 *rin vor mich hintreten –"* – Worauf will er hinaus? Seine Stimme ‚klingt' nicht mehr. Oder anders! Wie sieht er mich denn an? Er soll achtgeben!! – *„Also, Else, ich bin bereit – Doktor Fiala soll übermorgen um zwölf Uhr mittags die dreißigtausend Gulden haben – unter einer Bedingung"* – Er soll nicht weiterreden, er soll nicht. „Herr von
30 Dorsday, ich, ich persönlich übernehme die Garantie, daß mein Vater diese Summe zurückerstatten wird, sobald er das Honorar von Erbesheimer erhalten hat. Erbesheimers haben bisher überhaupt noch nichts gezahlt. Noch nicht einmal einen Vorschuß – Mama selbst schreibt mir" – *„Lassen Sie doch, Else, man soll niemals*
35 *eine Garantie für den anderen Menschen übernehmen, – nicht einmal für sich selbst."* – Was will er? Seine Stimme klingt schon wieder. Nie hat mich ein Mensch so angeschaut. Ich ahne, wo er hinaus will.

Wehe ihm! – *„Hätte ich es vor einer Stunde für möglich gehalten, daß ich in einem solchen Falle überhaupt mir jemals einfallen lassen würde, eine Bedingung zu stellen? Und nun tue ich es doch. Ja, Else, man ist eben nur ein Mann, und es ist nicht meine Schuld, daß Sie so schön*
5 *sind, Else."* – Was will er? Was will er – ? – *„Vielleicht hätte ich heute oder morgen das Gleiche von Ihnen erbeten, was ich jetzt erbitten will, auch wenn Sie nicht eine Million, pardon – dreißigtausend Gulden von mir gewünscht hätten. Aber freilich, unter anderen Umständen hätten Sie mir wohl kaum Gelegenheit vergönnt, so lange Zeit unter vier Augen*
10 *mit Ihnen zu reden"* – „O, ich habe Sie wirklich allzu lange in Anspruch genommen, Herr von Dorsday." Das habe ich gut gesagt. Fred wäre zufrieden. Was ist das? Er faßt nach meiner Hand? Was fällt ihm denn ein? *„Wissen Sie es denn nicht schon lange, Else."* – Er soll meine Hand loslassen! Nun, Gott sei Dank, er läßt sie los.
15 Nicht so nah, nicht so nah. – *„Sie müssten keine Frau sein, Else, wenn Sie es nicht gemerkt hätten. Je vous désire."*[1] – Er hätte es auch deutsch sagen können, der Herr Vicomte. – *„Muß ich noch mehr sagen?"* – „Sie haben schon zu viel gesagt, Herr Dorsday." Und ich stehe noch da. Warum denn? Ich gehe, ich gehe ohne Gruß. – *„Else! Else!"*
20 – Nun ist er wieder neben mir. – *„Verzeihen Sie mir, Else. Auch ich habe nur einen Scherz gemacht, geradeso wie Sie vorher mit der Million. Auch meine Forderung stelle ich nicht so hoch – als Sie gefürchtet haben, wie ich leider sagen muß, – so daß die geringere Sie vielleicht angenehm überraschen wird. Bitte, bleiben Sie doch stehen, Else."* – Ich bleibe
25 wirklich stehen. Warum denn? Da stehen wir uns gegenüber. Hätte ich ihm nicht einfach ins Gesicht schlagen sollen? Wäre nicht noch jetzt Zeit dazu? Die zwei Engländer kommen vorbei. Jetzt wäre der Moment. Gerade darum. Warum tu ich es denn nicht? Ich bin feig, ich bin zerbrochen, ich bin erniedrigt. Was wird er nun wollen statt
30 der Million? Einen Kuß vielleicht? Darüber ließe sich reden. Eine Million zu dreißigtausend verhält sich wie – – Komische Gleichungen gibt es. – *„Wenn Sie wirklich einmal eine Million brauchen sollten, Else, – ich bin zwar kein reicher Mann, dann wollen wir sehen. Aber für diesmal will ich genügsam sein, wie Sie. Und für diesmal will ich nichts*
35 *anderes, Else, als – Sie sehen."* – Ist er verrückt? Er sieht mich doch.

---

[1] (frz.) Ich begehre Sie.

– Ah, so meint er das, so! Warum schlage ich ihm nicht ins Gesicht,
dem Schuften! Bin ich rot geworden oder blaß? Nackt willst du
mich sehen? Das möchte mancher. Ich bin schön, wenn ich nackt
bin. Warum schlage ich ihm nicht ins Gesicht? Riesengroß ist sein
5 Gesicht. Warum so nah, du Schuft? Ich will deinen Atem nicht auf
meinen Wangen. Warum lasse ich ihn nicht einfach stehen? Bannt
mich sein Blick? Wir schauen uns ins Auge wie Todfeinde. Ich
möchte ihm Schuft sagen, aber ich kann nicht. Oder will ich nicht?
– *„Sie sehen mich an, Else, als wenn ich verrückt wäre. Ich bin es viel-*
10 *leicht ein wenig, denn es geht ein Zauber von Ihnen aus, Else, den Sie*
selbst wohl nicht ahnen. Sie müssen fühlen, Else, daß meine Bitte keine
Beleidigung bedeutet. Ja, ,Bitte' sage ich, wenn sie auch einer Erpres-
sung zum Verzweifeln ähnlich sieht. Aber ich bin kein Erpresser, ich bin
nur ein Mensch, der mancherlei Erfahrungen gemacht hat, – unter an-
15 *dern die, daß alles auf der Welt seinen Preis hat und daß einer, der sein*
Geld verschenkt, wenn er in der Lage ist, einen Gegenwert dafür zu be-
kommen, ein ausgemachter Narr ist. Und – was ich mir diesmal kaufen
will, Else, so viel es auch ist, Sie werden nicht ärmer dadurch, daß Sie es
verkaufen. Und daß es ein Geheimnis bleiben würde zwischen Ihnen
20 *und mir, das schwöre ich Ihnen, Else, bei – bei all den Reizen, durch*
deren Enthüllung Sie mich beglücken würden," – Wo hat er so reden
gelernt? Es klingt wie aus einem Buch. – *„Und ich schwöre Ihnen*
auch, daß ich – von der Situation keinen Gebrauch machen werde, der
in unserem Vertrag nicht vorgesehen war. Nichts anderes verlange ich
25 *von Ihnen, als eine Viertelstunde dastehen dürfen in Andacht vor Ihrer*
Schönheit. Mein Zimmer liegt im gleichen Stockwerk wie das Ihre, Else,
Nummer fünfundsechzig, leicht zu merken. Der schwedische Tennis-
spieler, von dem Sie heut sprachen, war doch gerade fünfundsechzig Jah-
re alt?" – Er ist verrückt! Warum lasse ich ihn weiterreden? Ich bin
30 gelähmt. – *„Aber wenn es Ihnen aus irgendeinem Grunde nicht paßt,*
mich auf Zimmer Nummer fünfundsechzig zu besuchen, Else, so schla-
ge ich Ihnen einen kleinen Spaziergang nach dem Diner vor. Es gibt eine
Lichtung im Walde, ich habe sie neulich ganz zufällig entdeckt, kaum
fünf Minuten weit von unserem Hotel. – Es wird eine wundervolle Som-
35 *mernacht heute, beinahe warm, und das Sternenlicht wird Sie herrlich*
kleiden." – Wie zu einer Sklavin spricht er. Ich spucke ihm ins Gesicht. – *„Sie sollen mir nicht gleich antworten, Else. Überlegen Sie.*

Nach dem Diner werden Sie mir gütigst Ihre Entscheidung kundtun."
– Warum sagt er denn ,kundtun'. Was für ein blödes Wort: kundtun, – *„Überlegen Sie in aller Ruhe. Sie werden vielleicht spüren, daß es
nicht einfach ein Handel ist, den ich Ihnen vorschlage."* – Was denn,
5 du klingender Schuft! – *„Sie werden möglicherweise ahnen, daß ein
Mann zu Ihnen spricht, der ziemlich einsam und nicht besonders glücklich ist und der vielleicht einige Nachsicht verdient."* – Affektierter
Schuft. Spricht wie ein schlechter Schauspieler. Seine gepflegten
Finger sehen aus wie Krallen. Nein, nein, ich will nicht. Warum sag
10 ich es denn nicht. Bring dich um, Papa! Was will er denn mit meiner Hand? Ganz schlaff ist mein Arm. Er führt meine Hand an
seine Lippen. Heiße Lippen. Pfui! Meine Hand ist kalt. Ich hätte
Lust, ihm den Hut herunter zu blasen. Ha, wie komisch wär das.
Bald ausgeküßt, du Schuft? – Die Bogenlampen vor dem Hotel
15 brennen schon. Zwei Fenster stehen offen im dritten Stock. Das,
wo sich der Vorhang bewegt, ist meines. Oben auf dem Schrank
glänzt etwas. Nichts liegt oben, es ist nur der Messingbeschlag. –
„Also auf Wiedersehen, Else." – Ich antworte nichts. Regungslos stehe ich da. Er sieht mir ins Auge. Mein Gesicht ist undurchdring-
20 lich. Er weiß gar nichts. Er weiß nicht, ob ich kommen werde oder
nicht. Ich weiß es auch nicht. Ich weiß nur, daß alles aus ist. Ich
bin halbtot. Da geht er. Ein wenig gebückt. Schuft! Er fühlt meinen Blick auf seinem Nacken. Wen grüßt er denn? Zwei Damen.
Als wäre er ein Graf, so grüßt er. Paul soll ihn fordern und ihn
25 totschießen. Oder Rudi. Was glaubt er denn eigentlich? Unver-
schämter Kerl! Nie und nimmer. Es wird dir nichts anderes übrig
bleiben, Papa, du mußt dich umbringen. – Die zwei kommen offenbar von einer Tour. Beide hübsch, er und sie. Haben sie noch
Zeit, sich vor dem Diner umzukleiden? Sind gewiß auf der Hoch-
30 zeitsreise oder vielleicht gar nicht verheiratet. Ich werde nie auf
einer Hochzeitsreise sein. Dreißigtausend Gulden. Nein, nein,
nein! Gibt es keine dreißigtausend Gulden auf der Welt? Ich fahre
zu Fiala. Ich komme noch zurecht. Gnade, Gnade, Herr Doktor
Fiala. Mit Vergnügen, mein Fräulein. Bemühen Sie sich in mein
35 Schlafzimmer. – Tu mir doch den Gefallen, Paul, verlange dreißigtausend Gulden von deinem Vater. Sage, du hast Spielschulden, du mußt dich sonst erschießen. Gern, liebe Kusine. Ich habe

Zimmer Nummer soundsoviel, um Mitternacht erwarte ich dich. O, Herr von Dorsday, wie bescheiden sind Sie. Vorläufig. Jetzt kleidet er sich um. Smoking. Also entscheiden wir uns. Wiese im Mondenschein oder Zimmer Nummer fünfundsechzig? Wird er
5 mich im Smoking in den Wald begleiten?
Es ist noch Zeit bis zum Diner. Ein bißchen spazierengehen und die Sache in Ruhe überlegen. Ich bin ein einsamer alter Mann, haha. Himmlische Luft, wie Champagner. Gar nicht mehr kühl – dreißigtausend ... dreißigtausend ... Ich muß mich jetzt sehr
10 hübsch ausnehmen in der weiten Landschaft. Schade, daß keine Leute mehr im Freien sind. Dem Herrn dort am Waldesrand gefalle ich offenbar sehr gut. O, mein Herr, nackt bin ich noch viel schöner, und es kostet einen Spottpreis, dreißigtausend Gulden. Vielleicht bringen Sie Ihre Freunde mit, dann kommt es billiger.
15 Hoffentlich haben Sie lauter hübsche Freunde, hübschere und jüngere als Herr von Dorsday? Kennen Sie Herrn von Dorsday? Ein Schuft ist er – ein klingender Schuft ...
Also überlegen, überlegen ... Ein Menschenleben steht auf dem Spiel. Das Leben von Papa. Aber nein, er bringt sich nicht um, er
20 wird sich lieber einsperren lassen. Drei Jahre schwerer Kerker oder fünf. In dieser ewigen Angst lebt er schon fünf oder zehn Jahre ... Mündelgelder ... Und Mama geradeso. Und ich doch auch. – Vor wem werde ich mich das nächste Mal nackt ausziehen müssen? Oder bleiben wir der Einfachheit wegen bei Herrn Dors-
25 day? Seine jetzige Geliebte ist ja nichts Feines ‚unter uns gesagt‘. Ich wäre ihm gewiß lieber. Es ist gar nicht so ausgemacht, ob ich viel feiner bin. Tun Sie nicht vornehm, Fräulein Else, ich könnte Geschichten von Ihnen erzählen ... einen gewissen Traum zum Beispiel, den Sie schon dreimal gehabt haben – von dem haben
30 Sie nicht einmal Ihrer Freundin Bertha erzählt. Und die verträgt doch was. Und wie war denn das heuer in Gmunden in der Früh um sechs auf dem Balkon, mein vornehmes Fräulein Else? Haben Sie die zwei jungen Leute im Kahn vielleicht gar nicht bemerkt, die Sie angestarrt haben? Mein Gesicht haben sie vom See
35 aus freilich nicht genau ausnehmen können, aber daß ich im Hemd war, das haben sie schon bemerkt. Und ich hab mich gefreut. Ah, mehr als gefreut. Ich war wie berauscht. Mit beiden

Händen hab ich mich über die Hüften gestrichen und vor mir
selber hab ich getan, als wüßte ich nicht, daß man mich sieht.
Und der Kahn hat sich nicht vom Fleck bewegt. Ja, so bin ich, so
bin ich. Ein Luder, ja. Sie spüren es ja alle. Auch Paul spürt es.
5 Natürlich, er ist ja Frauenarzt. Und der Marineleutnant hat es ja
auch gespürt und der Maler auch. Nur Fred, der dumme Kerl
spürt es nicht. Darum liebt er mich ja. Aber gerade vor ihm möchte ich nicht nackt sein, nie und nimmer. Ich hätte gar keine Freude davon. Ich möchte mich schämen. Aber vor dem Filou mit
10 dem Römerkopf – wie gern. Am allerliebsten vor dem. Und wenn
ich gleich nachher sterben müßte. Aber es ist ja nicht notwendig
gleich nachher zu sterben. Man überlebt es. Die Bertha hat mehr
überlebt. Cissy liegt sicher auch nackt da, wenn Paul zu ihr
schleicht durch die Hotelgänge, wie ich heute nacht zu Herrn von
15 Dorsday schleichen werde.
Nein, nein. Ich will nicht. Zu jedem andern – aber nicht zu ihm.
Zu Paul meinetwegen. Oder ich such mir einen aus heute abend
beim Diner. Es ist ja alles egal, Aber ich kann doch nicht jedem
sagen, daß ich dreißigtausend Gulden dafür haben will! Da wäre
20 ich ja wie ein Frauenzimmer von der Kärntnerstraße[1]. Nein, ich
verkaufe mich nicht. Niemals. Nie werde ich mich verkaufen. Ich
schenke mich her. Ja, wenn ich einmal den Rechten finde, schenke ich mich her. Aber ich verkaufe mich nicht. Ein Luder will ich
sein, aber nicht eine Dirne. Sie haben sich verrechnet, Herr von
25 Dorsday. Und der Papa auch. Ja, verrechnet hat er sich. Er muß es
ja vorher gesehen haben. Er kennt ja die Menschen. Er kennt
doch den Herrn von Dorsday. Er hat sich doch denken können,
daß der Herr von Dorsday nicht für nichts und wieder nichts. –
Sonst hätte er doch telegraphieren oder selber herreisen können.
30 Aber so war es bequemer und sicherer, nicht wahr, Papa? Wenn
man eine so hübsche Tochter hat, wozu braucht man ins Zuchthaus zu spazieren? Und die Mama, dumm wie sie ist, setzt sich
hin und schreibt den Brief. Der Papa hat sich nicht getraut. Da
hätt ich es ja gleich merken müssen. Aber es soll euch nicht glü-
35 cken. Nein, du hast zu sicher auf meine kindliche Zärtlichkeit

---

[1] Prostituierte von der Kärntnerstraße in Wien

spekuliert, Papa, zu sicher darauf gerechnet, daß ich lieber jede Gemeinheit erdulden würde als dich die Folgen deines verbrecherischen Leichtsinns tragen zu lassen. Ein Genie bist du ja. Herr von Dorsday sagt es, alle Leut sagen es. Aber was hilft mir das. Fiala ist eine Null, aber er unterschlägt keine Mündelgelder, sogar Waldheim ist nicht in einem Atem mit dir zu nennen ... Wer hat das nur gesagt? Der Doktor Froriep. Ein Genie ist Ihr Papa. – Und ich hab ihn erst einmal reden gehört! – Im vorigen Jahr im Schwurgerichtssaal – – zum ersten – und letztenmal! Herrlich! Die Tränen sind mir über die Wangen gelaufen. Und der elende Kerl, den er verteidigt hat, ist freigesprochen worden. Er war vielleicht gar kein so elender Kerl. Er hat jedenfalls nur gestohlen, keine Mündelgelder veruntreut, um Bakkarat[1] zu spielen und auf der Börse zu spekulieren. Und jetzt wird der Papa selber vor den Geschworenen stehen. In allen Zeitungen wird man es lesen. Zweiter Verhandlungstag, dritter Verhandlungstag; der Verteidiger erhob sich zu einer Replik[2]. Wer wird denn sein Verteidiger sein? Kein Genie. Nichts wird ihm helfen. Einstimmig schuldig. Verurteilt auf fünf Jahre. Stein[3], Sträflingskleid, geschorene Haare. Einmal im Monat darf man ihn besuchen. Ich fahre mit Mama hinaus, dritter Klasse. Wir haben ja kein Geld. Keiner leiht uns was. Kleine Wohnung in der Lerchenfelderstraße[4], so wie die, wo ich die Nähterin besucht habe vor zehn Jahren. Wir bringen ihm etwas zu essen mit. Woher denn? Wir haben ja selber nichts. Onkel Viktor wird uns eine Rente aussetzen. Dreihundert Gulden monatlich. Rudi wird in Holland sein bei Vanderhulst – wenn man noch auf ihn reflektiert. Die Kinder des Sträflings! Roman von Temme in drei Bänden. Der Papa empfängt uns im gestreiften Sträflingsanzug. Er schaut nicht bös drein, nur traurig. Er kann ja gar nicht bös dreinschauen. – Else, wenn du mir damals das Geld verschafft hättest, das wird er sich denken, aber er wird nichts sagen. Er wird nicht das Herz haben, mir Vorwürfe zu ma-

---

[1] Kartenglücksspiel
[2] (frz.) Erwiderung
[3] Strafanstalt für Männer in Niederösterreich
[4] Straße in einem kleinbürgerlich geprägten Bezirk Wiens

chen. Er ist ja seelengut, nur leichtsinnig ist er. Sein Verhängnis
ist die Spielleidenschaft. Er kann ja nichts dafür; es ist eine Art
von Wahnsinn. Vielleicht spricht man ihn frei, weil er wahnsinnig
ist. Auch den Brief hat er vorher nicht überlegt. Es ist ihm vielleicht gar nicht eingefallen, daß Dorsday die Gelegenheit benüt-
zen könnte, und so eine Gemeinheit von mir verlangen wird. Er
ist ein guter Freund unseres Hauses, er hat dem Papa schon einmal achttausend Gulden geliehen. Wie soll man so was von einem Menschen denken. Zuerst hat der Papa sicher alles andere
versucht. Was muß er durchgemacht haben, ehe er die Mama
veranlaßt hat, diesen Brief zu schreiben? Von einem zum andern
ist er gelaufen, von Warsdorf zu Burin, von Burin zu Wertheim-
stein[1] und weiß Gott noch zu wem. Bei Onkel Karl war er gewiss
auch. Und alle haben sie ihn im Stich gelassen. Alle die sogenannten Freunde. Und nun ist Dorsday seine Hoffnung, seine
letzte Hoffnung. Und wenn das Geld nicht kommt, so bringt er
sich um. Natürlich bringt er sich um. Er wird sich doch nicht
einsperren lassen. Untersuchungshaft, Verhandlung, Schwurge-
richt, Kerker, Sträflingsgewand. Nein, nein! Wenn der Haftbefehl
kommt, erschießt er sich oder hängt sich auf. Am Fensterkreuz
wird er hängen. Man wird herüberschicken vom Haus vis-à-vis[2],
der Schlosser wird aufsperren müssen und ich bin schuld gewesen. Und jetzt sitzt er zusammen mit Mama im selben Zimmer,
wo er übermorgen hängen wird, und raucht eine Havannazigar-
re. Woher hat er immer noch Havannazigarren? Ich höre ihn
sprechen, wie er die Mama beruhigt. Verlaß dich darauf, Dorsday
weist das Geld an. Bedenke doch, ich habe ihm heuer im Winter
eine große Summe durch meine Intervention[3] gerettet. Und dann
kommt der Prozeß Erbesheimer ... – Wahrhaftig. – Ich höre ihn
sprechen. Telepathie[4]! Merkwürdig. Auch Fred seh ich in diesem
Moment. Er geht mit einem Mädel im Stadtpark am Kursalon[5]

---

[1] Bankhäuser in Wien
[2] (frz.) gegenüber
[3] Vermittlung; Eintritt in eine Wechselverbindlichkeit
[4] „Fernfühlen" ohne körperliche Vermittlung
[5] Park im I. Bezirk Wiens am Parkring, angelegt im Zuge der Erbauung der
    Wiener Ringstraße, 1862 eröffnet; der Kursalon wurde 1865–1867 erbaut

vorbei. Sie hat eine hellblaue Bluse und lichte Schuhe[1] und ein
bißl heiser ist sie. Das weiß ich alles ganz bestimmt. Wenn ich
nach Wien komme, werde ich Fred fragen, ob er am dritten September zwischen halb acht und acht Uhr abends mit seiner Ge-
5 liebten im Stadtpark war.
Wohin denn noch? Was ist denn mit mir? Beinahe ganz dunkel.
Wie schön und ruhig. Weit und breit kein Mensch. Nun sitzen sie
alle schon beim Diner. Telepathie? Nein, das ist noch keine Telepathie. Ich habe ja früher das Tamtam[2] gehört. Wo ist die Else? wird
10 sich Paul denken. Es wird allen auffallen, wenn ich zur Vorspeise
noch nicht da bin. Sie werden zu mir heraufschicken. Was ist das
mit Else? Sie ist doch sonst so pünktlich? Auch die zwei Herren
am Fenster werden denken: Wo ist denn heute das schöne junge
Mädel mit dem rötlichblonden Haar? Und Herr von Dorsday wird
15 Angst bekommen. Er ist sicher feig. Beruhigen Sie sich, Herr von
Dorsday, es wird Ihnen nichts geschehen. Ich verachte Sie ja so
sehr. Wenn ich wollte, morgen abend wären Sie ein toter Mann. –
Ich bin überzeugt, Paul würde ihn fordern[3], wenn ich ihm die Sache erzählte. Ich schenke Ihnen das Leben, Herr von Dorsday.
20 Wie ungeheuer weit die Wiesen und wie riesig schwarz die Berge.
Keine Sterne beinahe, ja doch, drei, vier, – es werden schon mehr.
Und so still der Wald hinter mir. Schön hier auf der Bank am
Waldesrand zu sitzen. So fern, so fern das Hotel und so märchen-
haft leuchtet es her. Und was für Schufte sitzen drin. Ach nein,
25 Menschen, arme Menschen, sie tun mir alle so leid. Auch die
Marchesa tut mir leid, ich weiß nicht warum, und die Frau Winawer und die Bonne von Cissys kleinem Mädel. Sie sitzt nicht an
der Table d'hôtes[4], sie hat schon früher mit Fritzi gegessen. Was
ist das nur mit Else, fragt Cissy. Wie, auf ihrem Zimmer ist sie
30 auch nicht? Alle haben sie Angst um mich, ganz gewiß. Nur ich
habe keine Angst. Ja, da bin ich in Martino di Castrozza, sitze auf
einer Bank am Waldesrand und die Luft ist wie Champagner und

---

[1] Sandalen/Sandaletten
[2] Rummel, Aufsehen, Wirbel um etwas (lautmalerisch für das Trommelge-
     räusch)
[3] zum Duell herausfordern
[4] (frz.) Gästetafel

mir scheint gar, ich weine. Ja, warum weine ich denn? Es ist doch kein Grund zu weinen. Das sind die Nerven. Ich muß mich beherrschen. Ich darf mich nicht so gehen lassen. Aber das Weinen ist gar nicht unangenehm. Das Weinen tut mir immer wohl. Wie ich unsere alte Französin besucht habe im Krankenhaus, die dann gestorben ist, habe ich auch geweint. Und beim Begräbnis von der Großmama, und wie die Bertha nach Nürnberg gereist ist, und wie das Kleine von der Agathe gestorben ist, und im Theater bei der Kameliendame[1] hab ich auch geweint. Wer wird weinen, wenn ich tot bin? O, wie schön wäre das tot zu sein. Aufgebahrt liege ich im Salon, die Kerzen brennen. Lange Kerzen. Zwölf lange Kerzen. Unten steht schon der Leichenwagen. Vor dem Haustor stehen Leute. Wie alt war sie denn? Erst neunzehn. Wirklich erst neunzehn? – Denken Sie sich, ihr Papa ist im Zuchthaus. Warum hat sie sich denn umgebracht? Aus unglücklicher Liebe zu einem Filou. Aber was fällt Ihnen denn ein? Sie hätte ein Kind kriegen sollen. Nein, sie ist vom Cimone heruntergestürzt. Es ist ein Unglücksfall. Guten Tag, Herr Dorsday, Sie erweisen der kleinen Else auch die letzte Ehre? Kleine Else, sagt das alte Weib – Warum denn? Natürlich, ich muß ihr die letzte Ehre erweisen. Ich habe ihr ja auch die erste Schande erwiesen. O, es war der Mühe wert, Frau Winawer, ich habe noch nie einen so schönen Körper gesehen. Es hat mich nur dreißig Millionen gekostet. Ein Rubens kostet dreimal soviel. Mit Haschisch hat sie sich vergiftet. Sie wollte nur schöne Visionen haben, aber sie hat zu viel genommen und ist nicht mehr aufgewacht. Warum hat er denn ein rotes Monokel der Herr Dorsday? Wem winkt er denn mit dem Taschentuch? Die Mama kommt die Treppe herunter und küßt ihm die Hand. Pfui, pfui. Jetzt flüstern sie miteinander. Ich kann nichts verstehen, weil ich aufgebahrt bin. Der Veilchenkranz um meine Stirn ist von Paul. Die Schleifen fallen bis auf den Boden. Kein Mensch traut sich ins Zimmer. Ich stehe lieber auf und schaue zum Fenster hinaus. Was für ein großer blauer See! Hundert Schiffe mit gelben Segeln –. Die Wellen glitzern. So viel Sonne. Regatta. Die Herren haben alle Ruderleibchen. Die

---

[1] Roman und Drama von Alexandre Dumas

Damen sind im Schwimmkostüm. Das ist unanständig. Sie bilden sich ein, ich bin nackt. Wie dumm sie sind. Ich habe ja schwarze Trauerkleider an, weil ich tot bin. Ich werde es euch beweisen. Ich lege mich gleich wieder auf die Bahre hin. Wo ist
5 sie denn? Fort ist sie. Man hat sie davongetragen. Man hat sie unterschlagen. Darum ist der Papa im Zuchthaus. Und sie haben ihn doch freigesprochen auf drei Jahre. Die Geschworenen sind alle bestochen von Fiala. Ich werde jetzt zu Fuß auf den Friedhof gehen, da erspart die Mama das Begräbnis. Wir müssen uns ein-
10 schränken. Ich gehe so schnell, daß mir keiner nachkommt. Ah, wie schnell ich gehen kann. Da bleiben sie alle auf den Straßen stehen und wundern sich. Wie darf man jemanden so anschaun, der tot ist! Das ist zudringlich. Ich gehe lieber übers Feld, das ist ganz blau von Vergißmeinnicht und Veilchen. Die Marineoffizie-
15 re stehen Spalier. Guten Morgen, meine Herren. Öffnen Sie das Tor, Herr Matador. Erkennen Sie mich nicht? Ich bin ja die Tote ... Sie müssen mir darum nicht die Hand küssen... Wo ist denn meine Gruft? Hat man die auch unterschlagen? Gott sei Dank, es ist gar nicht der Friedhof. Das ist ja der Park in Mentone. Papa wird sich
20 freuen, daß ich nicht begraben bin. Vor den Schlangen habe ich keine Angst. Wenn mich nur keine in den Fuß beißt.[1] O weh.
Was ist denn? Wo bin ich denn? Habe ich geschlafen? Ja. Geschlafen habe ich. Ich muß sogar geträumt haben. Mir ist so kalt in den Füßen. Im rechten Fuß ist mir kalt. Wieso denn? Da ist am Knö-
25 chel ein kleiner Riß im Strumpf. Warum sitze ich denn noch im Wald? Es muß ja längst geläutet haben zum Diner. Dinner.
O Gott, wo war ich denn? So weit war ich fort. Was hab ich denn geträumt? Ich glaube ich war schon tot. Und keine Sorgen habe ich gehabt und mir nicht den Kopf zerbrechen müssen. Dreißigtausend, dreißigtausend ... ich habe sie noch nicht. Ich muß sie

---

[1]   Bezug zum Mythos von Orpheus und seiner Gattin Eurydike, die auf der Flucht vor einem Vergewaltiger durch einen Schlangenbiss in den Fuß gestorben und in der Unterwelt verschwunden ist. Der Sänger Orpheus erhielt von Hades, dem Gott der Unterwelt, die Erlaubnis, seine Gattin aus der Unterwelt zu befreien, jedoch unter dem Vorbehalt, dass er sich nicht nach ihr umschauen dürfe. Da er sie hinter sich nicht hört, dreht er sich dennoch um und Eurydike verschwindet wieder im Hades.

mir erst verdienen. Und da sitz ich allein am Waldesrand. Das Hotel leuchtet bis her. Ich muß zurück. Es ist schrecklich, daß ich zurück muß. Aber es ist keine Zeit mehr zu verlieren. Herr von Dorsday erwartet meine Entscheidung. Entscheidung. Entschei-
5 dung! Nein. Nein, Herr von Dorsday, kurz und gut, nein. Sie haben gescherzt, Herr von Dorsday, selbstverständlich. Ja, das werde ich ihm sagen. O, das ist ausgezeichnet. Ihr Scherz war nicht sehr vornehm, Herr von Dorsday, aber ich will Ihnen verzeihen. Ich telegraphiere morgen früh an Papa, Herr von Dorsday, daß
10 das Geld pünktlich in Doktor Fialas Händen sein wird. Wunderbar. Das sage ich ihm. Da bleibt ihm nichts übrig, er muß das Geld abschicken. Muß? Muß er? Warum muß er denn? Und wenn er's täte, so würde er sich dann rächen irgendwie. Er würde es so einrichten, daß das Geld zu spät kommt. Oder er würde das
15 Geld schicken und dann überall erzählen, daß er mich gehabt hat. Aber er schickt ja das Geld gar nicht ab. Nein, Fräulein Else, so haben wir nicht gewettet. Telegraphieren Sie dem Papa, was Ihnen beliebt, ich schicke das Geld nicht ab. Sie sollen nicht glauben, Fräulein Else, daß ich mich von so einem kleinen Mädel
20 übertölpeln lasse, ich der Vicomte von Eperies[1].
Ich muß vorsichtig gehen. Der Weg ist ganz dunkel. Sonderbar, es ist mir wohler als vorher. Es hat sich doch gar nichts geändert und mir ist wohler. Was habe ich denn nur geträumt? Von einem Matador? Was war denn das für ein Matador? Es ist doch weiter zum
25 Hotel, als ich gedacht habe. Sie sitzen gewiß noch alle beim Diner. Ich werd mich ruhig an den Tisch setzen und sagen, daß ich Migräne gehabt habe und lasse mir nachservieren. Herr von Dorsday wird am Ende selbst zu mir kommen und mir sagen, daß das Ganze nur ein Scherz war. Entschuldigen Sie, Fräulein Else, entschul-
30 digen Sie den schlechten Spaß, ich habe schon an meine Bank telegraphiert. Aber er wird es nicht sagen. Er hat nicht telegraphiert. Es ist alles noch genau so wie früher. Er wartet. Herr von Dorsday

---

[1] Schnitzler erklärt dazu: „Eperies ist eine kleine ungarische Stadt, aus der Dorsday stammen dürfte. Es liegt ein beabsichtigter Hohn in der Zusammenstellung ‚Vicomte von Eperies‘, auf das Missverhältnis zwischen der etwas unechten Noblesse und der Abstammung Dorsdays hindeutend." (Briefe 1913–1931, S. 160)

wartet. Nein, ich will ihn nicht sehen. Ich kann ihn nicht mehr sehen. Ich will niemanden mehr sehen. Ich will nicht mehr ins Hotel, ich will nicht mehr nach Hause, ich will nicht nach Wien, zu niemandem will ich, zu keinem Menschen, nicht zu Papa und
5 nicht zu Mama, nicht zu Rudi und nicht zu Fred, nicht zu Bertha und nicht zu Tante Irene. Die ist noch die Beste, die würde alles verstehen. Aber ich habe nichts mehr mit ihr zu tun und mit niemandem mehr. Wenn ich zaubern könnte, wäre ich ganz woanders in der Welt. Auf irgendeinem herrlichen Schiff im Mittellän-
10 dischen Meer, aber nicht allein. Mit Paul zum Beispiel. Ja, das könnte ich mir ganz gut vorstellen. Oder ich wohnte in einer Villa am Meer, und wir lägen auf den Marmorstufen, die ins Wasser führen, und er hielte mich fest in seinen Armen und bisse mich in die Lippen, wie es Albert vor zwei Jahren getan hat beim Klavier,
15 der unverschämte Kerl. Nein. Allein möchte ich am Meer liegen auf den Marmorstufen und warten. Und endlich käme einer oder mehrere, und ich hätte die Wahl und die andern, die ich verschmähe, die stürzen sich aus Verzweiflung alle ins Meer. Oder sie müßten Geduld haben bis zum nächsten Tag. Ach, was wäre das für ein
20 köstliches Leben. Wozu habe ich denn meine herrlichen Schultern und meine schönen schlanken Beine? Und wozu bin ich denn überhaupt auf der Welt? Und es geschähe ihnen ganz recht, ihnen allen, sie haben mich ja doch nur daraufhin erzogen, daß ich mich verkaufe, so oder so. Vom Theaterspielen haben sie nichts wissen
25 wollen. Da haben sie mich ausgelacht. Und es wäre ihnen ganz recht gewesen im vorigen Jahr, wenn ich den Direktor Wilomitzer geheiratet hätte, der bald fünfzig ist. Nur daß sie mir nicht zugeredet haben. Da hat sich der Papa doch geniert. Aber die Mama hat ganz deutliche Anspielungen gemacht.
30 Wie riesig es dasteht das Hotel, wie eine ungeheuere beleuchtete Zauberburg. Alles ist so riesig. Die Berge auch. Man könnte sich fürchten. Noch nie waren sie so schwarz. Der Mond ist noch nicht da. Der geht erst zur Vorstellung auf, zur großen Vorstellung auf der Wiese, wenn der Herr von Dorsday seine Sklavin nackt tanzen
35 läßt. Was geht mich denn der Herr Dorsday an? Nun, Mademoiselle Else, was machen Sie denn für Geschichten? Sie waren doch schon bereit auf und davon zu gehen, die Geliebte von fremden

Männern zu werden, von einem nach dem andern. Und auf die
Kleinigkeit, die Herr von Dorsday von Ihnen verlangt, kommt es
Ihnen an? Für einen Perlenschmuck, für schöne Kleider, für eine
Villa am Meer sind Sie bereit sich zu verkaufen? Und das Leben
5 Ihres Vaters ist Ihnen nicht so viel wert? Es wäre gerade der rich-
tige Anfang. Es wäre dann gleich die Rechtfertigung für alles andere. Ihr wart es, könnt ich sagen. Ihr habt mich dazu gemacht,
Ihr alle seid schuld, daß ich so geworden bin, nicht nur Papa und
Mama. Auch der Rudi ist schuld und der Fred und alle, alle, weil
10 sich ja niemand um einen kümmert. Ein bißchen Zärtlichkeit,
wenn man hübsch aussieht, und ein bißl Besorgtheit, wenn man
Fieber hat, und in die Schule schicken sie einen, und zu Hause
lernt man Klavier und Französisch, und im Sommer geht man
aufs Land und zum Geburtstag kriegt man Geschenke und bei
15 Tisch reden sie über allerlei. Aber was in mir vorgeht und was in
mir wühlt und Angst hat, habt ihr euch darum je gekümmert?
Manchmal im Blick von Papa war eine Ahnung davon, aber ganz
flüchtig. Und dann war gleich wieder der Beruf da, und die Sorgen und das Börsenspiel – und wahrscheinlich irgendein Frauen-
20 zimmer ganz im geheimen, ,nichts sehr Feines unter uns' – und
ich war wieder allein. Nun, was tätst du Papa, was tätst du heute,
wenn ich nicht da wäre?
Da stehe ich, ja da stehe ich vor dem Hotel. – Furchtbar da hinein-
gehen zu müssen, alle die Leute sehen, den Herrn von Dorsday,
25 die Tante, Cissy. Wie schön war das früher auf der Bank am Waldesrand, wie ich schon tot war. Matador – wenn ich nur drauf
käm, was – eine Regatta war es, richtig und ich habe vom Fenster
aus zugesehen. Aber wer war der Matador? – Wenn ich nur nicht
so müd wäre, so furchtbar müde. Und da soll ich bis Mitternacht
30 aufbleiben und mich dann ins Zimmer von Herrn von Dorsday
schleichen? Vielleicht begegne ich der Cissy auf dem Gang. Hat
sie was an unter dem Schlafrock, wenn sie zu ihm kommt? Es ist
schwer, wenn man in solchen Dingen nicht geübt ist. Soll ich sie
nicht um Rat fragen, die Cissy? Natürlich würde ich nicht sagen,
35 daß es sich um Dorsday handelt, sondern sie müßte sich denken,
ich habe ein nächtliches Rendezvous mit einem von den hüb-
schen jungen Leuten hier im Hotel. Zum Beispiel mit dem lan-

gen blonden Menschen, der die leuchtenden Augen hat. Aber der ist ja nicht mehr da. Plötzlich war er verschwunden. Ich habe doch gar nicht an ihn gedacht bis zu diesem Augenblick. Aber es ist leider nicht der lange blonde Mensch mit den leuchtenden Augen, auch der Paul ist es nicht, es ist der Herr von Dorsday. Also wie mach ich es denn? Was sage ich ihm? Einfach Ja? Ich kann doch nicht zu Herrn Dorsday ins Zimmer kommen. Er hat sicher lauter elegante Flakons[1] auf dem Waschtisch, und das Zimmer riecht nach französischem Parfüm. Nein, nicht um die Welt zu ihm. Lieber im Freien. Da geht er mich nichts an. Der Himmel ist so hoch und die Wiese ist so groß. Ich muß gar nicht an den Herrn Dorsday denken. Ich muß ihn nicht einmal anschauen. Und wenn er es wagen würde, mich anzurühren, einen Tritt bekäme er mit meinen nackten Füßen. Ach, wenn es doch ein anderer wäre, irgendein anderer. Alles, alles könnte er von mir haben heute nacht, jeder andere, nur Dorsday nicht. Und gerade der! Gerade der! Wie seine Augen stechen und bohren werden. Mit dem Monokel wird er dastehen und grinsen. Aber nein, er wird nicht grinsen. Er wird ein vornehmes Gesicht schneiden. Elegant. Er ist ja solche Dinge gewohnt. Wie viele hat er schon so gesehen? Hundert oder tausend? Aber war schon eine darunter wie ich? Nein, gewiß nicht. Ich werde ihm sagen, daß er nicht der erste ist, der mich so sieht. Ich werde ihm sagen, daß ich einen Geliebten habe. Aber erst, wenn die dreißigtausend Gulden an Fiala abgesandt sind. Dann werde ich ihm sagen, daß er ein Narr war, daß er mich auch hätte haben können um dasselbe Geld. – Daß ich schon zehn Liebhaber gehabt habe, zwanzig, hundert. – Aber das wird er mir ja alles nicht glauben. – Und wenn er es mir glaubt, was hilft es mir? – Wenn ich ihm nur irgendwie die Freude verderben könnte. Wenn noch einer dabei wäre? Warum nicht? Er hat ja nicht gesagt, daß er mit mir allein sein muß. Ach, Herr von Dorsday, ich habe solche Angst vor Ihnen. Wollen Sie mir nicht freundlichst gestatten, einen guten Bekannten mitzubringen? O, das ist keineswegs gegen die Abrede, Herr von Dorsday. Wenn es mir beliebte, dürfte ich das ganze Hotel dazu einladen, und Sie wären

---

[1] (Parfum-)Fläschchen

trotzdem verpflichtet, die dreißigtausend Gulden abzuschicken. Aber ich begnüge mich damit, meinen Vetter Paul mitzubringen. Oder ziehen Sie etwa einen andern vor? Der lange blonde Mensch ist leider nicht mehr da und der Filou mit dem Römerkopf leider
5 auch nicht. Aber ich find schon noch wen andern. Sie fürchten Indiskretion[1]? Darauf kommt es ja nicht an. Ich lege keinen Wert auf Diskretion[2]. Wenn man einmal so weit ist wie ich, dann ist alles ganz egal. Das ist heute ja nur der Anfang. Oder denken Sie, aus diesem Abenteuer fahre ich wieder nach Hause als anständi-
10 ges Mädchen aus guter Familie? Nein, weder gute Familie noch anständiges junges Mädchen. Das wäre erledigt. Ich stelle mich jetzt auf meine eigenen Beine. Ich habe schöne Beine, Herr von Dorsday, wie Sie und die übrigen Teilnehmer des Festes bald zu bemerken Gelegenheit haben werden. Also die Sache ist in Ord-
15 nung, Herr von Dorsday. Um zehn Uhr, während alles noch in der Halle sitzt, wandern wir im Mondenschein über die Wiese, durch den Wald nach Ihrer berühmten selbstentdeckten Lich- tung. Das Telegramm an die Bank bringen Sie für alle Fälle gleich mit. Denn eine Sicherheit darf ich doch wohl verlangen von ei-
20 nem solchen Spitzbuben wie Sie. Und um Mitternacht können Sie wieder nach Hause gehen, und ich bleibe mit meinem Vetter oder sonst wem auf der Wiese im Mondenschein. Sie haben doch nichts dagegen, Herr von Dorsday? Das dürfen Sie gar nicht. Und wenn ich morgen früh zufällig tot sein sollte, so wundern Sie sich
25 weiter nicht. Dann wird eben Paul das Telegramm aufgeben. Da- für wird schon gesorgt sein. Aber bilden Sie sich dann um Gottes willen nicht ein, daß Sie, elender Kerl, mich in den Tod getrieben haben. Ich weiß ja schon lange, daß es so mit mir enden wird. Fragen Sie doch nur meinen Freund Fred, ob ich es ihm nicht
30 schon öfters gesagt habe. Fred, das ist nämlich Herr Friedrich Wenkheim, nebstbei der einzige anständige Mensch, den ich in meinem Leben kennengelernt habe. Der einzige, den ich geliebt hätte, wenn er nicht ein gar so anständiger Mensch wäre. Ja, ein so verworfenes Geschöpf bin ich. Bin nicht geschaffen für eine

---

[1] Taktlosigkeit, Vertrauensbruch
[2] Verschwiegenheit, Takt

bürgerliche Existenz, und Talent habe ich auch keines. Für unsere Familie wäre es sowieso das Beste, sie stürbe aus. Mit dem Rudi wird auch schon irgendein Malheur geschehen. Der wird sich in Schulden stürzen für eine holländische Chansonette[1] und bei Vanderhulst defraudieren[2]. Das ist schon so in unserer Familie. Und der jüngste Bruder von meinem Vater, der hat sich erschossen, wie er fünfzehn Jahre alt war. Kein Mensch weiß warum. Ich habe ihn nicht gekannt. Lassen Sie sich die Photographie zeigen, Herr von Dorsday. Wir haben sie in einem Album ... Ich soll ihm ähnlich sehen. Kein Mensch weiß, warum er sich umgebracht hat. Und von mir wird es auch keiner wissen. Ihretwegen keinesfalls, Herr von Dorsday. Die Ehre tue ich Ihnen nicht an. Ob mit neunzehn oder einundzwanzig, das ist doch egal. Oder soll ich Bonne werden oder Telephonistin oder einen Herrn Wilomitzer heiraten oder mich von Ihnen aushalten lassen? Es ist alles gleich ekelhaft, und ich komme überhaupt gar nicht mit Ihnen auf die Wiese. Nein, das ist alles viel zu anstrengend und zu dumm und zu widerwärtig. Wenn ich tot bin, werden Sie schon die Güte haben und die paar tausend Gulden für den Papa absenden, denn es wäre doch zu traurig, wenn er gerade an dem Tage verhaftet würde, an dem man meine Leiche nach Wien bringt. Aber ich werde einen Brief hinterlassen mit testamentarischer Verfügung: Herr von Dorsday hat das Recht, meinen Leichnam zu sehen. Meinen schönen nackten Mädchenleichnam. So können Sie sich nicht beklagen, Herr von Dorsday, daß ich Sie übers Ohr gehaut habe. Sie haben doch was für Ihr Geld. Daß ich noch lebendig sein muß, das steht nicht in unserem Kontrakt. O nein. Das steht nirgends geschrieben. Also den Anblick meines Leichnams vermache ich dem Kunsthändler Dorsday, und Herrn Fred Wenkheim vermache ich mein Tagebuch aus meinem siebzehnten Lebensjahr – weiter habe ich nicht geschrieben – und dem Fräulein bei Cissy vermache ich die fünf Zwanzigfranks-Stücke, die ich vor Jahren aus der Schweiz mitgebracht habe. Sie liegen im Schreibtisch neben den Briefen. Und Bertha vermache ich das schwarze Abend-

---

[1] (frz.) Sängerin
[2] (frz.) Geld unterschlagen

kleid. Und Agathe meine Bücher. Und meinem Vetter Paul, dem vermache ich einen Kuß auf meine blassen Lippen. Und der Cissy vermache ich mein Rakett, weil ich edel bin. Und man soll mich gleich hier begraben in San Martino di Castrozza auf dem
5 schönen kleinen Friedhof. Ich will nicht mehr zurück nach Hause. Auch als Tote will ich nicht mehr zurück. Und Papa und Mama sollen sich nicht kränken, mir geht es besser als ihnen. Und ich verzeihe ihnen. Es ist nicht schade um mich. – Haha, was für ein komisches Testament. Ich bin wirklich gerührt. Wenn ich denke,
10 daß ich morgen um die Zeit, während die andern beim Diner sitzen, schon tot bin? – Die Tante Emma wird. natürlich nicht zum Diner herunterkommen und Paul auch nicht. Sie werden sich auf dem Zimmer servieren lassen. Neugierig bin ich, wie sich Cissy benehmen wird. Nur werde ich es leider nicht erfahren.
15 Gar nichts mehr werde ich erfahren. Oder vielleicht weiß man noch alles, solange man nicht begraben ist? Und am Ende bin ich nur scheintot. Und wenn der Herr von Dorsday an meinen Leichnam tritt, so erwache ich und schlage die Augen auf, da läßt er vor Schreck das Monokel fallen.
20 Aber es ist ja leider alles nicht wahr. Ich werde nicht scheintot sein und tot auch nicht. Ich werde mich überhaupt gar nicht umbringen, ich bin ja viel zu feig. Wenn ich auch eine couragierte Kletterin bin, feig bin ich doch. Und vielleicht habe ich nicht einmal genug Veronal. Wieviel Pulver braucht man denn? Sechs glaube
25 ich. Aber zehn ist sicherer. Ich glaube, es sind noch zehn. Ja, das werden genug sein.
Zum wievielten Mal lauf ich jetzt eigentlich um das Hotel herum? Also was jetzt? Da steh ich vor dem Tor. In der Halle ist noch niemand. Natürlich – sie sitzen ja noch alle beim Diner. Seltsam
30 sieht die Halle aus so ganz ohne Menschen. Auf dem Sessel dort liegt ein Hut, ein Touristenhut, ganz fesch. Hübscher Gamsbart. Dort im Fauteuil sitzt ein alter Herr. Hat wahrscheinlich keinen Appetit mehr. Liest Zeitung. Dem geht's gut. Er hat keine Sorgen. Er liest ruhig Zeitung, und ich muß mir den Kopf zerbrechen, wie
35 ich dem Papa dreißigtausend Gulden verschaffen soll. Aber nein. Ich weiß ja wie. Es ist ja so furchtbar einfach. Was will ich denn? Was will ich denn? Was tu ich denn da in der Halle? Gleich wer-

den sie alle kommen vom Diner. Was soll ich denn tun? Herr von
Dorsday sitzt gewiß auf Nadeln. Wo bleibt sie, denkt er sich. Hat
sie sich am Ende umgebracht? Oder engagiert sie jemanden, daß
er mich umbringt? Oder hetzt sie ihren Vetter Paul auf mich?
5 Haben Sie keine Angst, Herr von Dorsday, ich bin keine so ge-
fährliche Person. Ein kleines Luder bin ich, weiter nichts. Für die
Angst, die Sie ausgestanden haben, sollen Sie auch Ihren Lohn
haben. Zwölf Uhr, Zimmer Nummer fünfundsechzig. Im Freien
wäre es mir doch zu kühl. Und von Ihnen aus, Herr von Dorsday,
10 begebe ich mich direkt zu meinem Vetter Paul. Sie haben doch
nichts dagegen, Herr von Dorsday?
„Else! Else!“
Wie? Was? Das ist ja Pauls Stimme. Das Diner schon aus? – *„El-*
se!“ – „Ach, Paul, was gibt's denn, Paul?“ – Ich stell mich ganz
15 unschuldig. – *„Ja, wo steckst du denn, Else?“* – „Wo soll ich denn
stecken? Ich bin spazierengegangen.“ – *„Jetzt, während des Di-*
ners?“ – „Na, wann denn? Es ist doch die schönste Zeit dazu.“ Ich
red Blödsinn. – *„Die Mama hat sich schon alles Mögliche eingebildet.*
Ich war an deiner Zimmertür, hab geklopft.“ – „Hab nichts gehört.“
20 – *„Aber im Ernst, Else, wie kannst du uns in eine solche Unruhe verset-*
zen! Du hättest Mama doch wenigstens verständigen können, daß du
nicht zum Diner kommst.“ – „Du hast ja recht, Paul, aber wenn du
eine Ahnung hättest, was ich für Kopfschmerzen gehabt habe.“
Ganz schmelzend red ich. O, ich Luder. – *„Ist dir jetzt wenigstens*
25 *besser?“* – „Könnt ich eigentlich nicht sagen.“ – *„Ich will vor allem*
der Mama“ – „Halt Paul, noch nicht. Entschuldige mich bei der
Tante, ich will nur für ein paar Minuten auf mein Zimmer, mich
ein bißl herrichten. Dann komme ich gleich herunter und werde
mir eine Kleinigkeit nachservieren lassen.“ – *„Du bist so blaß, El-*
30 *se? – Soll ich dir die Mama hinaufschicken?“* – „Aber mach doch
keine solchen Geschichten mit mir, Paul, und schau mich nicht
so an. Hast du noch nie ein weibliches Wesen mit Kopfschmerzen gesehen? Ich komme bestimmt noch herunter. In zehn Minuten spätestens. Grüß dich Gott, Paul.“ – *„Also auf Wiedersehen,*
35 *Else.“* – Gott sei Dank, daß er geht. Dummer Bub, aber lieb. Was
will denn der Portier von mir? Wie, ein Telegramm? „Danke.

Wann ist denn die Depesche[1] gekommen, Herr Portier?" – *„Vor einer Viertelstunde, Fräulein."* – Warum schaut er mich denn so an, so – bedauernd. Um Himmels willen, was wird denn da drin stehn? Ich mach sie erst oben auf, sonst fall ich vielleicht in Ohn-
5 macht. Am Ende hat sich der Papa – Wenn der Papa tot ist, dann ist ja alles in Ordnung, dann muß ich nicht mehr mit Herrn von Dorsday auf die Wiese gehn ... O, ich elende Person. Lieber Gott, mach, daß in der Depesche nichts Böses steht. Lieber Gott, mach, daß der Papa lebt. Verhaftet meinetwegen, nur nicht tot. Wenn
10 nichts Böses drin steht, dann will ich ein Opfer bringen. Ich wer-de Bonne, ich nehme eine Stellung in einem Bureau an. Sei nicht tot, Papa. Ich bin ja bereit. Ich tue ja alles, was du willst ...
Gott sei Dank, daß ich oben bin. Licht gemacht, Licht gemacht. Kühl ist es geworden. Das Fenster war zu lange offen. Courage,
15 Courage. Ha, vielleicht steht drin, daß die Sache geordnet ist. Viel-leicht hat der Onkel Bernhard das Geld hergegeben und sie tele-graphieren mir: Nicht mit Dorsday reden. Ich werde es ja gleich sehen. Aber wenn ich auf den Plafond[2] schaue, kann ich natürlich nicht lesen, was in der Depesche steht. Trala, trala, Courage. Es
20 muß ja sein. ,Wiederhole flehentliche Bitte mit Dorsday reden. Summe nicht dreißig, sondern fünfzig. Sonst alles vergeblich. Adresse bleibt Fiala.' – Sondern fünfzig. Sonst alles vergeblich. Trala, trala. Fünfzig. Adresse bleibt Fiala. Aber gewiß, ob fünfzig oder dreißig, darauf kommt es ja nicht an. Auch dem Herrn von
25 Dorsday nicht. Das Veronal liegt unter der Wäsche, für alle Fälle. Warum habe ich nicht gleich gesagt: fünfzig. Ich habe doch daran gedacht! Sonst alles vergeblich. Also hinunter, geschwind, nicht da auf dem Bett sitzen bleiben. Ein kleiner Irrtum, Herr von Dors-day, verzeihen Sie. Nicht dreißig, sondern fünfzig, sonst alles ver-
30 geblich. Adresse bleibt Fiala. – ,Sie halten mich wohl für einen Narren, Fräulein Else?' Keineswegs, Herr Vicomte, wie sollte ich.' Für fünfzig müßte ich jedesfalls entsprechend mehr fordern, Fräulein. Sonst alles vergeblich, Adresse bleibt Fiala. Wie Sie wünschen, Herr von Dorsday. Bitte, befehlen Sie nur. Vor allem

---

[1] Telegramm
[2] (frz.) Zimmerdecke

aber, schreiben Sie die Depesche an Ihr Bankhaus, natürlich,
sonst habe ich ja keine Sicherheit. –

Ja, so mach ich es. Ich komme zu ihm ins Zimmer und erst, wenn
er vor meinen Augen die Depesche geschrieben – ziehe ich mich
5 aus. Und die Depesche behalte ich in der Hand. Ha, wie unappetitlich. Und wo soll ich denn meine Kleider hinlegen? Nein, nein,
ich ziehe mich schon hier aus und nehme den großen schwarzen
Mantel um, der mich ganz einhüllt. So ist es am bequemsten. Für
beide Teile. Adresse bleibt Fiala. Mir klappern die Zähne. Das
10 Fenster ist noch offen. Zugemacht. Im Freien? Den Tod hätte ich
davon haben können. Schuft! Fünfzigtausend. Er kann nicht Nein
sagen. Zimmer fünfundsechzig. Aber vorher sag ich Paul, er soll
in seinem Zimmer auf mich warten. Von Dorsday geh ich direkt
zu Paul und erzähle ihm alles. Und dann soll Paul ihn ohrfeigen.
15 Ja, noch heute nacht. Ein reichhaltiges Programm. Und dann
kommt das Veronal.

Nein, wozu denn? Warum denn sterben? Keine Spur. Lustig, lustig, jetzt fängt ja das Leben erst an. Ihr sollt euere Freude haben[1].
Ihr sollt stolz werden auf euer Töchterlein. Ein Luder will ich wer-
20 den, wie es die Welt noch nicht gesehen hat. Adresse bleibt Fiala.
Du sollst deine fünfzigtausend Gulden haben, Papa. Aber die
nächsten, die ich mir verdiene, um die kaufe ich mir neue Nacht-
hemden mit Spitzen besetzt, ganz durchsichtig und köstliche Seidenstrümpfe. Man lebt nur einmal. Wozu schaut man denn so
25 aus wie ich. Licht gemacht, – die Lampe über dem Spiegel schalt
ich ein. Wie schön meine blondroten Haare sind, und meine
Schultern; meine Augen sind auch nicht übel. Hu, wie groß sie
sind. Es wär schad um mich. Zum Veronal ist immer noch Zeit.
– Aber ich muss ja hinunter. Tief hinunter.[2] Herr Dorsday wartet,
30 und er weiß noch nicht einmal, daß es indes fünfzigtausend geworden sind. Ja, ich bin im Preis gestiegen, Herr von Dorsday. Ich
muss ihm das Telegramm zeigen, sonst glaubt er mir am Ende

---

[1] Vgl. J. W. von Goethe, Clavigo (I,1): „Lustig, lustig, jetzt fängt ja das Leben
erst an! Man lebt nur einmal."
[2] Anspielung auf den moralischen Abstieg beim realen Hinuntergehen in
die Hotelhalle und zu Dorsday

nicht und denkt, ich will ein Geschäft bei der Sache machen. Ich
werde die Depesche auf sein Zimmer schicken und etwas dazu
schreiben. Zu meinem lebhaften Bedauern sind es nun fünfzigtausend geworden, Herr von Dorsday, das kann Ihnen ja ganz
egal sein. Und ich bin überzeugt, Ihre Gegenforderung war gar
nicht ernst gemeint. Denn Sie sind ein Vicomte und ein Gentle-
man. Morgen früh werden Sie die fünfzigtausend, an denen das
Leben meines Vaters hängt, ohne weiters an Fiala senden. Ich
rechne darauf. – ‚Selbstverständlich, mein Fräulein, ich sende für
alle Fälle gleich hunderttausend, ohne jede Gegenleistung und
verpflichte mich überdies, von heute an für den Lebensunterhalt
Ihrer ganzen Familie zu sorgen, die Börsenschulden Ihres Herrn
Papas zu zahlen und sämtliche veruntreute Mündelgelder zu er-
setzen.' Adresse bleibt Fiala. Hahaha! Ja, genau so ist der Vicomte
von Eperies. Das ist ja alles Unsinn. Was bleibt mir denn übrig?
Es muß ja sein, ich muß es ja tun, alles, alles muß ich tun, was
Herr von Dorsday verlangt, damit der Papa morgen das Geld hat,
– damit er nicht eingesperrt wird, damit er sich nicht umbringt.
Und ich werde es auch tun. Ja, ich werde es tun, obzwar doch alles
für die Katz ist. In einem halben Jahr sind wir wieder gerade so
weit wie heute! In vier Wochen! – Aber dann geht es mich nichts
mehr an. Das eine Opfer bringe ich – und dann keines mehr. Nie,
nie, niemals wieder. Ja, das sage ich dem Papa, sobald ich nach
Wien komme. Und dann fort aus dem Haus, wo immer hin. Ich
werde mich mit Fred beraten. Er ist der einzige, der mich wirklich
gern hat. Aber so weit bin ich ja noch nicht. Ich bin nicht in Wien,
ich bin noch in Martino di Castrozza. Noch nichts ist geschehen.
Also wie, wie, was? Da ist das Telegramm. Was tue ich denn mit
dem Telegramm? Ich habe es ja schon gewußt. Ich muß es ihm
auf sein Zimmer schicken. Aber was sonst? Ich muß ihm etwas
dazu schreiben. Nun ja, was soll ich ihm schreiben? Erwarten Sie
mich um zwölf. Nein, nein, nein! Den Triumph soll er nicht haben. Ich will nicht, will nicht, will nicht. Gott sei Dank, daß ich die
Pulver da habe. Das ist die einzige Rettung. Wo sind sie denn?
Um Gottes willen, man wird sie mir doch nicht gestohlen haben.
Aber nein, da sind sie ja. Da in der Schachtel. Sind sie noch alle
da? Ja, da sind sie. Eins, zwei, drei, vier, fünf, sechs. Ich will sie ja

nur ansehen, die lieben Pulver. Es verpflichtet ja zu nichts. Auch
daß ich sie ins Glas schütte, verpflichtet ja zu nichts. Eins, zwei,
– aber ich bringe mich ja sicher nicht um. Fällt mir gar nicht ein.
Drei, vier, fünf – davon stirbt man auch noch lange nicht. Es wäre
5 schrecklich, wenn ich das Veronal nicht mit hätte. Da müßte ich
mich zum Fenster hinunterstürzen und dazu hätt ich doch nicht
den Mut. Aber das Veronal, – man schläft langsam ein, wacht
nicht mehr auf, keine Qual, kein Schmerz. Man legt sich ins Bett;
in einem Zuge trinkt man es aus, träumt, und alles ist vorbei.
10 Vorgestern habe ich auch ein Pulver genommen und neulich sogar zwei. Pst, niemandem sagen. Heut werden es halt ein bißl
mehr sein. Es ist ja nur für alle Fälle. Wenn es mich gar gar zu
sehr grausen sollte. Aber warum soll es mich denn grausen?
Wenn er mich anrührt, so spucke ich ihm ins Gesicht. Ganz ein-
15 fach.
Aber wie soll ich ihm denn den Brief zukommen lassen? Ich kann
doch nicht dem Herrn von Dorsday durch das Stubenmädchen
einen Brief schicken. Das Beste, ich gehe hinunter und rede mit
ihm und zeige ihm das Telegramm. Hinunter muß ich ja jeden-
20 falls. Ich kann doch nicht da heroben im Zimmer bleiben. Ich
hielte es ja gar nicht aus, drei Stunden lang – bis der Moment
kommt. Auch wegen der Tante muß ich hinunter. Ha, was geht
mich denn die Tante an. Was gehen mich die Leute an? Sehen Sie,
meine Herrschaften, da steht das Glas mit dem Veronal. So, jetzt
25 nehme ich es in die Hand. So, jetzt führe ich es an die Lippen. Ja,
jeden Moment kann ich drüben sein, wo es keine Tanten gibt und
keinen Dorsday und keinen Vater, der Mündelgelder defraudiert
...
Aber ich werde mich nicht umbringen. Das habe ich nicht not-
30 wendig. Ich werde auch nicht zu Herrn von Dorsday ins Zimmer
gehen. Fällt mir gar nicht ein. Ich werde mich doch nicht um
fünfzigtausend Gulden nackt hinstellen vor einen alten Lebemann, um einen Lumpen vor dem Kriminal zu retten. Nein, nein,
entweder oder. Wie kommt denn der Herr von Dorsday dazu?
35 Gerade der? Wenn einer mich sieht, dann sollen mich auch andere sehen. Ja! – Herrlicher Gedanke! – Alle sollen sie mich sehen.
Die ganze Welt soll mich sehen. Und dann kommt das Veronal.

Nein, nicht das Veronal, – wozu denn?! dann kommt die Villa mit den Marmorstufen und die schönen Jünglinge und die Freiheit und die weite Welt! Guten Abend, Fräulein Else, so gefallen Sie mir. Haha. Da unten werden sie meinen, ich bin verrückt gewor-
5 den. Aber ich war noch nie so vernünftig. Zum erstenmal in meinem Leben bin ich wirklich vernünftig. Alle, alle sollen sie mich sehen! – Dann gibt es kein Zurück, kein nach Hause zu Papa und Mama, zu den Onkeln und Tanten. Dann bin ich nicht mehr das Fräulein Else, das man an irgendeinen Direktor Wilomitzer ver-
10 kuppeln möchte; alle hab ich sie so zum Narren; – den Schuften Dorsday vor allem – und komme zum zweitenmal auf die Welt ... sonst alles vergeblich – Adresse bleibt Fiala. Haha!
Keine Zeit mehr verlieren, nicht wieder feig werden. Herunter das Kleid. Wer wird der erste sein? Wirst du es sein, Vetter Paul?
15 Dein Glück, daß der Römerkopf nicht mehr da ist. Wirst du diese schönen Brüste küssen heute nacht? Ah, wie bin ich schön. Bertha hat ein schwarzes Seidenhemd. Raffiniert. Ich werde noch viel raffinierter sein. Herrliches Leben. Fort mit den Strümpfen, das wäre unanständig. Nackt, ganz nackt. Wie wird mich Cissy benei-
20 den! Und andere auch. Aber sie trauen sich nicht. Sie möchten ja alle so gern. Nehmt euch ein Beispiel. Ich, die Jungfrau, ich traue mich. Ich werde mich ja zu Tod lachen über Dorsday. Da bin ich, Herr von Dorsday. Rasch auf die Post. Fünfzigtausend. So viel ist es doch wert?
25 Schön, schön bin ich! Schau mich an, Nacht! Berge schaut mich an! Himmel schau mich an, wie schön ich bin. Aber ihr seid ja blind. Was habe ich von euch. Die da unten haben Augen. Soll ich mir die Haare lösen? Nein. Da säh ich aus wie eine Verrückte. Aber ihr sollt mich nicht für verrückt halten. Nur für schamlos
30 sollt ihr mich halten. Für eine Kanaille[1]. Wo ist das Telegramm? Um Gottes willen, wo habe ich denn das Telegramm? Da liegt es ja, friedlich neben dem Veronal. ‚Wiederhole flehentlich – fünfzigtausend – sonst alles vergeblich. Adresse bleibt Fiala.' Ja, das ist das Telegramm. Das ist ein Stück Papier und da stehen Worte
35 darauf. Aufgegeben in Wien vier Uhr dreißig. Nein, ich träume

---

[1] (frz.) Schurke, Schurkin

nicht, es ist alles wahr. Und zu Hause warten sie auf die fünfzigtausend Gulden. Und Herr von Dorsday wartet auch. Er soll nur
warten. Wir haben ja Zeit. Ah, wie hübsch ist es, so nackt im
Zimmer auf und ab zu spazieren. Bin ich wirklich so schön wie
im Spiegel? Ach, kommen Sie doch näher, schönes Fräulein. Ich
will Ihre blutroten Lippen küssen. Ich will Ihre Brüste an meine
Brüste pressen. Wie schade, daß das Glas zwischen uns ist, das
kalte Glas. Wie gut würden wir uns miteinander vertragen. Nicht
wahr? Wir brauchten gar niemanden andern. Es gibt vielleicht gar
keine andern Menschen. Es gibt Telegramme und Hotels und
Berge und Bahnhöfe und Wälder, aber Menschen gibt es nicht.
Die träumen wir nur.[1] Nur der Doktor Final existiert mit der Adresse. Es bleibt immer dieselbe. O, ich bin keineswegs verrückt.
Ich bin nur ein wenig erregt. Das ist doch ganz selbstverständlich,
bevor man zum zweitenmal auf die Welt kommt. Denn die frühe-
re Else ist schon gestorben. Ja, ganz bestimmt bin ich tot. Da
braucht man kein Veronal dazu. Soll ich es nicht weggießen? Das
Stubenmädel könnte es aus Versehen trinken. Ich werde einen
Zettel hinlegen und darauf schreiben: Gift; nein, lieber: Medizin,
– damit dem Stubenmädel nichts geschieht. So edel bin ich. So.
Medizin, zweimal unterstrichen und drei Ausrufungszeichen.
Jetzt kann nichts passieren. Und wenn ich dann heraufkomme
und keine Lust habe mich umzubringen und nur schlafen will,
dann trinke ich eben nicht das ganze Glas aus, sondern nur ein
Viertel davon oder noch weniger. Ganz einfach. Alles habe ich in
meiner Hand. Am einfachsten wäre, ich liefe hinunter – so wie
ich bin über Gang und Stiegen. Aber nein, da könnte ich aufge-
halten werden, ehe ich unten bin – und ich muß doch die Sicherheit haben, daß der Herr von Dorsday dabei ist! Sonst schickt er
natürlich das Geld nicht ab, der Schmutzian. – Aber ich muß ihm
ja noch schreiben. Das ist doch das Wichtigste. O, kalt ist die Ses-
sellehne, aber angenehm. Wenn ich meine Villa am italienischen
See haben werde, dann werde ich in meinem Park immer nackt
herumspazieren ... Die Füllfeder vermache ich Fred, wenn ich
einmal sterbe. Aber vorläufig habe ich etwas Gescheiteres zu tun

---

[1] Vgl. Pindar, 8. Pythische Ode: „Eines Schattens Traum ist der Mensch.“

als zu sterben. ‚Hochverehrter Herr Vicomte' – also vernünftig
Else, keine Aufschrift, weder hochverehrt, noch hochverachtet.
‚Ihre Bedingung, Herr von Dorsday, ist erfüllt' – – – ‚In dem Augenblick, da Sie diese Zeilen lesen, Herr von Dorsday, ist Ihre
5 Bedingung erfüllt, wenn auch nicht ganz in der von Ihnen vorge-
sehenen Weise.' – ‚Nein, wie gut das Mädel schreibt', möcht der
Papa sagen. – ‚Und so rechne ich darauf, daß Sie Ihrerseits Ihr
Wort halten und die fünfzigtausend Gulden telegraphisch an die
bekannte Adresse unverzüglich anweisen lassen werden, Else.'
10 Nein, nicht Else. Gar keine Unterschrift. So. Mein schönes gelbes
Briefpapier! Hab ich zu Weihnachten bekommen. Schad drum.
So – und jetzt Telegramm und Brief ins Kuvert. – ‚Herrn von
Dorsday', Zimmer Nummer fünfundsechzig. Wozu die Nummer? Ich lege ihm den Brief einfach vor die Tür im Vorbeigehen.
15 Aber ich muß nicht. Ich muß überhaupt gar nichts. Wenn es mir
beliebt, kann ich mich jetzt auch ins Bett legen und schlafen und
mich um nichts mehr kümmern. Nicht um den Herrn von Dorsday und nicht um den Papa. Ein gestreifter Sträflingsanzug ist
auch ganz elegant. Und erschossen haben sich schon viele. Und
20 sterben müssen wir alle.
Aber du hast ja das alles vorläufig nicht nötig, Papa. Du hast ja
deine herrlich gewachsene Tochter, und Adresse bleibt Fiala. Ich
werde eine Sammlung einleiten. Mit dem Teller werde ich he-
rumgehen. Warum sollte nur Herr von Dorsday zahlen? Das wäre
25 ein Unrecht. Jeder nach seinen Verhältnissen. Wieviel wird Paul
auf den Teller legen? Und wieviel der Herr mit dem goldenen
Zwicker? Aber bildet euch nur ja nicht ein, daß das Vergnügen
lange dauern wird. Gleich hülle ich mich wieder ein, laufe die
Treppen hinauf in mein Zimmer, sperre mich ein und, wenn es
30 mir beliebt, trinke ich das ganze Glas auf einen Zug. Aber es wird
mir nicht belieben. Es wäre nur eine Feigheit. Sie verdienen gar
nicht so viel Respekt, die Schufte. Schämen vor euch? Ich mich
schämen vor irgendwem? Das habe ich wirklich nicht nötig. Laß
dir noch einmal in die Augen sehen, schöne Else. Was du für
35 Riesenaugen hast, wenn man näher kommt. Ich wollte, es küßte
mich einer auf meine Augen, auf meinen blutroten Mund. Kaum
über die Knöchel reicht mein Mantel. Man wird sehen, daß meine

Füße nackt sind. Was tut's, man wird noch mehr sehen! Aber ich
bin nicht verpflichtet. Ich kann gleich wieder umkehren, noch
bevor ich unten bin. Im ersten Stock kann ich umkehren. Ich
muß überhaupt nicht hinuntergehen. Aber ich will ja. Ich freue
5 mich drauf. Hab ich mir nicht mein ganzes Leben lang so was
gewünscht?
Worauf warte ich denn noch? Ich bin ja bereit. Die Vorstellung
kann beginnen. Den Brief nicht vergessen. Eine aristokratische
Schrift behauptet Fred. Auf Wiedersehen, Else. Du bist schön mit
10 dem Mantel. Florentinerinnen[1] haben sich so malen lassen. In
den Galerien hängen ihre Bilder und es ist eine Ehre für sie. –
Man muß gar nichts bemerken, wenn ich den Mantel um habe.
Nur die Füße, nur die Füße. Ich nehme die schwarzen Lackschu-
he, dann denkt man, es sind fleischfarbene Strümpfe. So werde
15 ich durch die Halle gehen, und kein Mensch wird ahnen, daß
unter dem Mantel nichts ist, als ich, ich selber. Und. dann kann
ich immer noch herauf ... – Wer spielt denn da unten so schön
Klavier? Chopin[2]? – Herr von Dorsday wird etwas nervös sein.
Vielleicht hat er Angst vor Paul. Nur Geduld, Geduld, wird sich
20 alles finden. Ich weiß noch gar nichts, Herr von Dorsday, ich bin
selber schrecklich gespannt. Licht ausschalten! Ist alles in Ordnung in meinem Zimmer? Leb wohl, Veronal, auf Wiedersehen.
Leb wohl, mein heißgeliebtes Spiegelbild.[3] Wie du im Dunkel
leuchtest. Ich bin schon ganz gewohnt, unter dem Mantel nackt
25 zu sein. Ganz angenehm. Wer weiß, ob nicht manche so in der
Halle sitzen und keiner weiß es? Ob nicht manche Dame so ins
Theater geht und so in ihrer Loge sitzt – zum Spaß oder aus anderen Gründen.
Soll ich zusperren? Wozu? Hier wird ja nichts gestohlen. Und
30 wenn auch – ich brauche ja nichts mehr. Schluß ... Wo ist denn

---

[1] Frauen aus Florenz
[2] Polnischer Komponist und Pianist (1810–1849); Sohn eines Franzosen
und einer Polin, wuchs in Warschau auf und lebte ab 1831 in Paris. Gilt bis
heute als einer der einflussreichsten und populärsten Komponisten von
Klaviermusik.
[3] Parodie auf den Abschiedsmonolog in Friedrich Schiller, Die Jungfrau
von Orleans: „Lebt wohl, ihr Berge ..."

Nummer fünfundsechzig? Niemand ist auf dem Gang. Alles noch unten beim Diner. Einundsechzig ... zweiundsechzig ... das sind ja riesige Bergschuhe, die da vor der Türe stehen. Da hängt eine Hose am Haken. Wie unanständig. Vierundsechzig, fünf-
5 undsechzig. So. Da wohnt er, der Vicomte ... Da unten lehn ich den Brief hin, an die Tür. Da muß er ihn gleich sehen. Es wird ihn doch keiner stehlen? So, da liegt er ... Macht nichts ... Ich kann: noch immer tun, was ich will. Hab ich ihn halt zum Narrn gehalten ... Wenn ich ihm nur jetzt nicht auf der Treppe begegne. Da
10 kommt ja ... nein, das ist er nicht! ... Der ist viel hübscher als der Herr von Dorsday, sehr elegant, mit dem kleinen schwarzen Schnurrbart. Wann ist denn der angekommen? Ich könnte eine kleine Probe veranstalten – ein ganz klein wenig den Mantel lüften. Ich habe große Lust dazu. Schauen Sie mich nur an, mein
15 Herr. Sie ahnen nicht, an wem Sie da vorübergehen. Schade, daß Sie gerade jetzt sich heraufbemühen. Warum bleiben Sie nicht in der Halle! Sie versäumen etwas. Große Vorstellung. Warum halten Sie mich nicht auf? Mein Schicksal liegt in Ihrer Hand. Wenn Sie mich grüßen, so kehre ich wieder um. So grüßen Sie mich
20 doch. Ich sehe Sie doch so liebenswürdig an ... Er grüßt nicht. Vorbei ist er. Er wendet sich um, ich spüre es. Rufen Sie, grüßen Sie! Retten Sie mich! Vielleicht sind Sie an meinem Tode schuld, mein Herr! Aber Sie werden es nie erfahren. Adresse bleibt Fiala
...
25 Wo bin ich? Schon in der Halle? Wie bin ich daher gekommen? So wenig Leute und so viele Unbekannte. Oder sehe ich so schlecht? Wo ist Dorsday? Er ist nicht da. Ist es ein Wink des Schicksals? Ich will zurück. Ich will einen andern Brief an Dorsday schreiben. Ich erwarte Sie in meinem Zimmer um Mitternacht. Bringen Sie die
30 Depesche an Ihre Bank mit. Nein. Er könnte es für eine Falle halten. Könnte auch eine sein. Ich könnte Paul bei mir versteckt haben, und er könnte ihn mit dem Revolver zwingen, uns die Depesche auszuliefern. Erpressung. Ein Verbrecherpaar. Wo ist Dorsday? Dorsday, wo bist du? Hat er sich vielleicht umgebracht aus
35 Reue über meinen Tod? Im Spielzimmer wird er sein. Gewiß. An einem Kartentisch wird er sitzen. Dann will ich ihm von der Tür aus mit den Augen ein Zeichen geben. Er wird sofort aufstehen.

‚Hier bin ich, mein Fräulein.' Seine Stimme wird klingen. ‚Wollen wir ein wenig promenieren[1], Herr Dorsday?' ‚Wie es beliebt, Fräulein Else.' Wir gehen über den Marienweg zum Walde hin. Wir sind allein. Ich schlage den Mantel auseinander. Die fünfzig-
5 tausend sind fällig. Die Luft ist kalt, ich bekomme eine Lungenentzündung und sterbe ... Warum sehen mich die zwei Damen an? Merken sie was? Warum bin ich denn da? Bin ich verrückt? Ich werde zurückgehen in mein Zimmer, mich geschwind ankleiden, das Blaue, drüber den Mantel wie jetzt, aber offen, da kann
10 niemand glauben, daß ich vorher nichts angehabt habe ... Ich kann nicht zurück. Ich will auch nicht zurück. Wo ist Paul? Wo ist Tante Emma? Wo ist Cissy? Wo sind sie denn alle? Keiner wird es merken ... Man kann es ja gar nicht merken. Wer spielt so schön? Chopin? Nein, Schumann.
15 Ich irre in der Halle umher wie eine Fledermaus. Fünfzigtausend! Die Zeit vergeht. Ich muß diesen verfluchten Herrn von Dorsday finden. Nein, ich muß in mein Zimmer zurück ... Ich werde Veronal trinken. Nur einen kleinen Schluck, dann werde ich gut schlafen ... Nach getaner Arbeit ist gut ruhen ... Aber die Arbeit ist noch
20 nicht getan ... Wenn der Kellner den schwarzen Kaffee dem alten Herrn dort serviert, so geht alles gut aus. Und wenn er ihn dem jungen Ehepaar in der Ecke bringt, so ist alles verloren. Wieso? Was heißt das? Zu dem alten Herrn bringt er den Kaffee, Triumph! Alles geht gut aus. Ha, Cissy und Paul! Da draußen vor
25 dem Hotel gehen sie auf und ab. Sie reden ganz vergnügt miteinander. Er regt sich nicht sonderlich auf wegen meiner Kopfschmerzen. Schwindler! ... Cissy hat keine so schönen Brüste wie ich. Freilich, sie hat ja ein Kind ... Was reden die zwei? Wenn man es hören könnte! Was geht es mich an, was sie reden? Aber ich
30 könnte auch vors Hotel gehen, ihnen guten Abend wünschen und dann weiter, weiterflattern über die Wiese, in den Wald, hinaufsteigen, klettern, immer höher, bis auf den Cimone hinauf, mich hinlegen, einschlafen, erfrieren. Geheimnisvoller Selbstmord einer jungen Dame der Wiener Gesellschaft. Nur mit einem
35 schwarzen Abendmantel bekleidet, wurde das schöne Mädchen

---

[1] spazieren gehen

an einer unzugänglichen Stelle des Cimone della Pala tot aufge-
funden ... Aber vielleicht findet man mich nicht ... Oder erst im
nächsten Jahr. Oder noch später. Verwest. Als Skelett. Doch besser, hier in der geheizten Halle sein und nicht erfrieren. Nun,
5 Herr von Dorsday, wo stecken Sie denn eigentlich? Bin ich verpflichtet zu warten? Sie haben mich zu suchen, nicht ich Sie. Ich
will noch im Spielsaal nachschauen. Wenn er dort nicht ist, hat er
sein Recht verwirkt. Und ich schreibe ihm: Sie waren nicht zu
finden, Herr von Dorsday, Sie haben freiwillig verzichtet; das ent-
10 bindet Sie nicht von der Verpflichtung, das Geld sofort abzuschicken. Das Geld. Was für ein Geld denn? Was kümmert mich das?
Es ist mir doch ganz gleichgültig, ob er das Geld abschickt oder
nicht. Ich habe nicht das geringste Mitleid mehr mit Papa. Mit
keinem Menschen habe ich Mitleid. Auch mit mir selber nicht.
15 Mein Herz ist tot. Ich glaube, es schlägt gar nicht mehr. Vielleicht
habe ich das Veronal schon getrunken ... Warum schaut mich die
holländische Familie so an? Man kann doch unmöglich was merken. Der Portier sieht mich auch so verdächtig an. Ist vielleicht
noch eine Depesche gekommen? Achtzigtausend? Hunderttau-
20 send? Adresse bleibt Fiala. Wenn eine Depesche da wäre, würde
er es mir sagen. Er sieht mich hochachtungsvoll an. Er weiß nicht,
daß ich unter dem Mantel nichts anhabe. Niemand weiß es. Ich
gehe zurück in mein Zimmer. Zurück, zurück, zurück! Wenn ich
über die Stufen stolperte, das wäre eine nette Geschichte. Vor drei
25 Jahren auf dem Wörthersee ist eine Dame ganz nackt hinausge-
schwommen. Aber noch am selben Nachmittag ist sie abgereist.
Die Mama hat gesagt, es ist eine Operettensängerin aus Berlin.
Schumann? Ja, Karneval[1]. Die oder der spielt ganz schön. Das
Kartenzimmer ist aber rechts. Letzte Möglichkeit, Herr von Dors-
30 day. Wenn er dort ist, winke ich ihn mit den Augen zu mir her
und sage ihm, um Mitternacht werde ich bei Ihnen sein, Sie
Schuft. – Nein, Schuft sage ich ihm nicht. Aber nachher sage ich

---

[1] Klavierzyklus von Robert Schumann (1810–1856): „Carnaval", op. 9
   Mit dem Titel des Klavierstücks spielt Schnitzler auf die Maskenhaftigkeit
   und Verlogenheit der Gesellschaft an.

es ihm ... Irgendwer geht mir nach. Ich wende mich nicht um.
Nein, nein. –

„Else!" – Um Gottes willen die Tante. Weiter, weiter! *„Else!"* – Ich
muß mich umdrehen, es hilft mir nichts. „O, guten Abend, Tan-
5 te." – *„Ja, Else, was ist denn mit dir? Grad wollte ich zu dir hinauf-
schauen. Paul hat mir gesagt – – Ja, wie schaust du denn aus?"* –
„Wie schau ich denn aus, Tante? Es geht mir schon ganz gut. Ich
habe auch eine Kleinigkeit gegessen." Sie merkt was, sie merkt
was. – *„Else – du hast ja – keine Strümpfe an!"* – „Was sagst du da,
10 Tante? Meiner Seel, ich habe keine Strümpfe an. Nein –!" – *„Ist
dir nicht wohl, Else? Deine Augen – du hast Fieber."* – „Fieber? Ich
glaub nicht. Ich hab nur so furchtbare Kopfschmerzen gehabt,
wie nie in meinem Leben noch." – *„Du mußt sofort zu Bett, Kind,
du bist totenblaß."* – „Das kommt von der Beleuchtung, Tante.
15 Alle Leute sehen hier blaß aus in der Halle." Sie schaut so sonderbar an mir herab. Sie kann doch nichts merken? Jetzt nur die
Fassung bewahren, Papa ist verloren, wenn ich nicht die Fassung
bewahre. Ich muß etwas reden. „Weißt du, Tante, was mir heuer
in Wien passiert ist? Da bin ich einmal mit einem gelben und
20 einem schwarzen Schuh auf die Straße gegangen.". Kein Wort ist
wahr. Ich muß weiterreden. Was sag ich nur? „Weißt du, Tante,
nach Migräneanfällen habe ich manchmal solche Anfälle von
Zerstreutheit. Die Mama hat das auch früher gehabt." Nicht ein
Wort ist wahr. – *„Ich werde jedenfalls um den Doktor schicken."* –
25 „Aber ich bitte dich, Tante, es ist ja gar keiner im Hotel. Man
müßt einen aus einer anderen Ortschaft holen. Der würde schön
lachen, daß man ihn holen läßt, weil ich keine Strümpfe anhabe.
Haha." Ich sollte nicht so laut lachen. Das Gesicht von der Tante
ist angstverzerrt. Die Sache ist ihr unheimlich. Die Augen fallen
30 ihr heraus. – *„Sag, Else, hast du nicht zufällig Paul gesehen?"* – Ah,
sie will sich Sukkurs[1] verschaffen. Fassung, alles steht auf dem
Spiel. „Ich glaube, er geht auf und ab vor dem Hotel mit Cissy
Mohr, wenn ich nicht irre." – *„Vor dem Hotel? Ich werde sie beide
hereinholen. Wir wollen noch alle einen Tee trinken, nicht wahr?"* –
35 „Gern." Was für ein dummes Gesicht sie macht. Ich nicke ihr

---

[1] Unterstützung

ganz freundlich und harmlos zu. Fort ist sie. Ich werde jetzt in
mein Zimmer gehen. Nein, was soll ich denn in meinem Zimmer tun? Es ist höchste Zeit, höchste Zeit. Fünfzigtausend, fünfzigtausend. Warum laufe ich denn so? Nur langsam, langsam ...
5 Was will ich denn? Wie heißt der Mann? Herr von Dorsday. Ko-
mischer Name ... Da ist ja das Spielzimmer. Grüner Vorhang vor
der Tür. Man sieht nichts. Ich stelle mich auf die Zehenspitzen.
Die Whistpartie. Die spielen jeden Abend. Dort spielen zwei Herren Schach. Herr von Dorsday ist nicht da. Viktoria[1]. Gerettet!
10 Wieso denn? Ich muß weiter suchen. Ich bin verdammt, Herrn
von Dorsday zu suchen bis an mein Lebensende. Er sucht mich
gewiß auch. Wir verfehlen uns immerfort. Vielleicht sucht er
mich oben. Wir werden uns auf der Stiege treffen. Die Holländer
sehen mich wieder an. Ganz hübsch die Tochter. Der alte Herr
15 hat eine Brille, eine Brille, eine Brille ... Fünfzigtausend. Es ist ja
nicht so viel. Fünfzigtausend Herr von Dorsday. Schumann? Ja,
Karneval ...[2] Hab ich auch einmal studiert. Schön spielt sie. Warum denn sie?

Vielleicht ist es ein Er? Vielleicht ist es eine Virtuosin? Ich will ei-
20 nen Blick in den Musiksalon tun.
Da ist ja die Tür. – – Dorsday! Ich falle um. Dorsday! Dort steht er
am Fenster und hört zu. Wie ist das möglich? Ich verzehre mich
– ich werde verrückt – ich bin tot – und er hört einer fremden
Dame Klavierspielen zu. Dort auf dem Diwan[3] sitzen zwei Her-
25 ren. Der Blonde ist erst heute angekommen. Ich hab ihn aus dem
Wagen steigen sehen. Die Dame ist gar nicht mehr jung. Sie ist

---

[1] „Sieg" (Ausdruck der Erleichterung)
[2] Notenausschnitte aus „Carnaval":
     1. Notenzitat: Florestan, Takt 19 – 24
     2. Notenzitat: Florestan, Takt 39 – 43
[3] Sofa

schon ein paar Tage lang hier. Ich habe nicht gewußt, daß sie so
schön Klavier spielt. Sie hat es gut. Alle Menschen haben es gut …

nur ich bin verdammt … Dorsday! Dorsday! Ist er das wirklich? Er
5 sieht mich nicht. Jetzt schaut er aus, wie ein anständiger Mensch.
Er hört zu. Fünfzigtausend! Jetzt oder nie. Leise die Tür aufgemacht. Da bin ich, Herr von Dorsday! Er sieht mich nicht. Ich will
ihm nur ein Zeichen mit den Augen geben, dann werde ich den
Mantel ein wenig lüften, das ist genug. Ich bin ja ein junges Mäd-
10 chen. Bin ein anständiges junges Mädchen aus guter Familie. Bin
ja keine Dirne … Ich will fort. Ich will Veronal nehmen und schlafen. Sie haben sich geirrt, Herr von Dorsday, ich bin keine Dirne.
Adieu, adieu! … Ha, er schaut auf. Da bin ich, Herr von Dorsday.
Was für Augen er macht. Seine Lippen zittern. Er bohrt seine Au-
15 gen in meine Stirn. Er ahnt nicht, daß ich nackt bin unter dem
Mantel. Lassen Sie mich fort, lassen Sie mich fort! Seine Augen
glühen. Seine Augen drohen. Was wollen Sie von mir? Sie sind
ein Schuft. Keiner sieht mich als er. Sie hören zu. So kommen Sie
doch, Herr von Dorsday! Merken Sie nichts? Dort im Fauteuil[1] –
20 Herrgott, im Fauteuil – das ist ja der Filou! Himmel, ich danke dir.
Er ist wieder da, er ist wieder da. Er war nur auf einer Tour! Jetzt
ist er wieder da. Der Römerkopf ist wieder da. Mein Bräutigam,
mein Geliebter. Aber er sieht mich nicht. Er soll mich auch nicht
sehen. Was wollen Sie, Herr von Dorsday? Sie schauen mich an,
25 als wenn ich Ihre Sklavin wäre. Ich bin nicht Ihre Sklavin. Fünfzigtausend! Bleibt es bei unserer Abmachung, Herr von Dorsday?
Ich bin bereit. Da bin ich. Ich bin ganz ruhig. Ich lächle. Verstehen Sie meinen Blick? Sein Auge spricht zu mir: komm! Sein
Auge spricht: ich will dich nackt sehen. Nun, du Schuft, ich bin ja

---

[1] (frz.) Sessel

nackt. Was willst du denn noch? Schick die Depesche ab ... Sofort
... Es rieselt durch meine Haut. Die Dame spielt weiter. Köstlich
rieselt es durch meine Haut. Wie wundervoll ist es nackt zu sein.
Die Dame spielt weiter[1], sie weiß nicht, was hier geschieht.

5 Niemand weiß es. Keiner noch sieht mich. Filou, Filou! Nackt
stehe ich da. Dorsday reißt die Augen auf. Jetzt endlich glaubt er
es. Der Filou steht auf. Seine Augen leuchten. Du verstehst mich,
schöner Jüngling. „Haha!" Die Dame spielt nicht mehr. Der Papa
ist gerettet. Fünfzigtausend! Adresse bleibt Fiala! „Ha, ha, ha!"
10 Wer lacht denn da? Ich selber? „Ha, ha, ha!" Was sind denn das
für Gesichter um mich? „Ha, ha, ha!" Zu dumm, daß ich lache.
Ich will nicht lachen, ich will nicht. „Haha!" – *Else!"* – Wer ruft
Else? Das ist Paul. Er muß hinter mir sein. Ich spüre einen Luft-
zug über meinen nackten Rücken. Es saust in meinen Ohren.
15 Vielleicht bin ich schon tot? Was wollen Sie, Herr von Dorsday?
Warum sind Sie so groß und stürzen über mich her? „Ha, ha, ha!"
Was habe ich denn getan? Was habe ich getan? Was habe ich getan? Ich falle um. Alles ist vorbei. Warum ist denn keine Musik
mehr? Ein Arm schlingt sich um meinen Nacken. Das ist Paul. Wo
20 ist denn der Filou? Da lieg ich. „Ha ha, ha!" Der Mantel fliegt auf
mich herab. Und ich liege da. Die Leute halten mich für ohnmächtig. Nein, ich bin nicht ohnmächtig. Ich bin bei vollem Bewußtsein. Ich bin hundertmal wach, ich bin tausendmal wach. Ich muß

---

[1] Schumann, „Carnaval": Reconnaissance, Takt 1–8

nur immer lachen. „Ha, ha, ha!" Jetzt haben Sie Ihren Willen,
Herr von Dorsday, Sie müssen das Geld für Papa schicken. Sofort.
„Haaaah!" Ich will nicht schreien, und ich muß immer schreien.
Warum muß ich denn schreien. Meine Augen sind zu. Niemand
5 kann mich sehen. Papa ist gerettet. – *„Else!"* – Das ist die Tante. –
„Else! Else!" – *„Ein Arzt, ein Arzt!"* – *„Geschwind zum Portier!"* –
„Was ist denn passiert?" – *„Das ist ja nicht möglich."* – *„Das arme
Kind."* – Was reden sie denn da? Was murmeln sie denn da? Ich
bin kein armes Kind. Ich bin glücklich. Der Filou hat mich nackt
10 gesehen. O, ich schäme mich so. Was habe ich getan? Nie wieder
werde ich die Augen öffnen. – *„Bitte, die Türe schließen."* – Warum
soll man die Türe schließen? Was für Gemurmel. Tausend Leute
sind um mich. Sie halten mich alle für ohnmächtig. Ich bin nicht
ohnmächtig. Ich träume nur. – *„Beruhigen Sie sich doch, gnädige
15 Frau."* – Ist schon um den Arzt geschickt? – *„Es ist ein Ohnmachtsan-
fall."* – Wie weit sie alle weg sind. Sie sprechen alle vom Cimone
herunter. – *„Man kann sie doch nicht auf dem Boden liegen lassen."*
– *„Hier ist ein Plaid[1]."* – *„Eine Decke."* – *„Decke oder Plaid, das ist ja
gleichgültig."* – *„Bitte doch um Ruhe."* – *„Auf den Diwan."* – *„Bitte
20 doch endlich die Türe zu schließen."* – *„Nicht so nervös sein, sie ist ja
geschlossen."* – *„Else! Else!"* – Wenn die Tante nur endlich still wär!
– *„Hörst du mich Else?"* – *„Du siehst doch, Mama, daß sie ohnmächtig
ist."* – Ja, Gott sei Dank, für euch bin ich ohnmächtig. Und ich
bleibe auch ohnmächtig. – *„Wir müssen sie auf ihr Zimmer bringen."*
25 – *„Was ist denn da geschehen? Um Gottes willen!"* – Cissy. Wie
kommt denn Cissy auf die Wiese. Ach, es ist ja nicht die Wiese. –
„Else!" – *„Bitte um Ruhe."* – *„Bitte ein wenig zurückzutreten."* – Hände, Hände unter mir. Was wollen sie denn? Wie schwer ich bin.
Pauls Hände. Fort, fort. Der Filou ist in meiner Nähe, ich spüre es.
30 Und Dorsday ist fort. Man muß ihn suchen. Er darf sich nicht
umbringen, ehe er die fünfzigtausend abgeschickt hat. Meine
Herrschaften, er ist mir Geld schuldig. Verhaften Sie ihn. *„Hast du
eine Ahnung, von wem die Depesche war, Paul?"* – *„Guten Abend,
meine Herrschaften."* – *„Else, hörst du mich?"* – *„Lassen Sie sie doch,
35 Frau Cissy."* – *„Ach Paul."* – *„Der Direktor sagt, es kann vier Stunden*

---

[1] (engl.) (karierte) Decke

dauern, bis der Doktor da ist." – "Sie sieht aus, als wenn sie schliefe."
– Ich liege auf dem Diwan, Paul hält meine Hand, er fühlt mir den
Puls. Richtig, er ist ja Arzt. – *"Von Gefahr ist keine Rede, Mama. Ein*
– Anfall[1]." – "Keinen Tag länger bleibe ich im Hotel." – "Bitte dich,
5   *Mama." – "Morgen früh reisen wir ab." – "Aber einfach über die Die-*
nerschaftsstiege. Die Tragbahre wird sofort hier sein." – Bahre? Bin ich
nicht heute schon auf einer Bahre gelegen? War ich nicht schon
tot? Muß ich denn noch einmal sterben? – *"Wollen Sie nicht dafür*
sorgen, Herr Direktor, daß die Leute sich endlich von der Türe entfer-
10 *nen." – "Rege dich doch nicht auf, Mama." – "Es ist eine Rücksichtslo-*
sigkeit von den Leuten." – Warum flüstern sie denn alle? Wie in einem Sterbezimmer. Gleich wird die Bahre da sein. Mach auf das
Tor. Herr Matador! *"Der Gang ist frei." – "Die Leute könnten doch*
wenigstens so viel Rücksicht haben." – "Ich bitte dich, Mama, beruhige
15 *dich doch." – "Bitte, gnädige Frau." – "Wollen Sie sich nicht ein wenig*
meiner Mutter annehmen, Frau Cissy?" – Sie ist seine Geliebte, aber
sie ist nicht so schön wie ich. Was ist denn schon wieder? Was geschieht denn da? Sie bringen die Bahre. Ich sehe es mit geschlossenen Augen. Das ist die Bahre, auf der sie die Verunglückten
20 tragen. Auf der ist auch der Doktor Zigmondi gelegen, der vom
Cimone abgestürzt ist. Und jetzt werde ich auf der Bahre liegen.
Ich bin auch abgestürzt. "Ha!" Nein, ich will nicht noch einmal
schreien. Sie flüstern. Wer beugt sich über meinen Kopf? Es riecht
gut nach Zigaretten. Seine Hand ist unter meinen Kopf. Hände
25 unter meinem Rücken, Hände unter meiner Beinen. Fort, fort,
rührt mich nicht an. Ich bin ja nackt. Pfui, pfui. Was wollt ihr
denn? Laßt mich in Ruhe. Es war nur für Papa. – *"Bitte vorsichtig,*
so, langsam." – "Der Plaid?" – "Ja, danke, Frau Cissy." – Warum
dankt er ihr? Was hat sie denn getan? Was geschieht mit mir? Ah,
30 wie gut, wie gut. Ich schwebe. Ich schwebe. Ich schwebe hinüber.
Man trägt mich, man trägt mich, man trägt mich zu Grabe. – *"Aber*
mir sein das g'wohnt, Herr Doktor. Da sind schon Schwerere darauf
gelegen. Im vorigen Herbst einmal zwei zugleich." – "Pst, pst." – "Viel-
leicht sind Sie so gut, vorauszugehen, Frau Cissy und sehen, ob in Elses
35 *Zimmer alles in Ordnung ist."* – Was hat Cissy in meinem Zimmer

---

[1] hysterischer Anfall

zu tun? Das Veronal, das Veronal! Wenn sie es nur nicht weggießen. Dann müßte ich mich doch zum Fenster hinunterstürzen. –
„Danke sehr, Herr Direktor, bemühen Sie sich nicht weiter." – *„Ich
werde mir erlauben, später wieder nachzufragen."* – Die Treppe
5 knarrt, die Träger haben schwere Bergstiefel. Wo sind meine Lack-
schuhe? Im Musikzimmer geblieben. Man wird sie stehlen. Ich
habe sie der Agathe vermachen wollen. Fred kriegt meine Füllfeder. Sie tragen mich, sie tragen mich. Trauerzug. Wo ist Dorsday,
der Mörder? Fort ist er. Auch der Filou ist fort. Er ist gleich wieder
10 auf die Wanderschaft gegangen. Er ist nur zurückgekommen, um
einmal meine weißen Brüste zu sehen, Und jetzt ist er wieder fort.
Er geht einen schwindligen Weg zwischen Felsen und Abgrund;
– leb wohl, leb wohl. – Ich schwebe, ich schwebe. Sie sollen mich
nur hinauftragen, immer weiter, bis zum Dach, bis zum Himmel.
15 Das wäre so bequem. – *„Ich habe es ja kommen gesehen, Paul."* –
Was hat die Tante kommen gesehen? – *„Schon die ganzen letzten
Tage habe ich so etwas kommen gesehen. Sie ist überhaupt nicht nor-
mal. Sie muß natürlich in eine Anstalt[1]."* – *„Aber Mama, jetzt ist doch
nicht der Moment davon zu reden."* – Anstalt –? Anstalt –?! – *„Du,
20 denkst doch nicht, Paul, daß ich in ein und demselben Coupé mit dieser
Person nach Wien fahren werde. Da könnte man schöne Sachen erleben."* – *„Es wird nicht das Geringste passieren, Mama. Ich garantiere
dir, daß du keinerlei Ungelegenheiten haben wirst."* – *„Wie kannst du
das garantieren?"* – Nein, Tante, du sollst keine Ungelegenheiten
25 haben. Niemand wird Ungelegenheiten haben. Nicht einmal Herr
von Dorsday. Wo sind wir denn? Wir bleiben stehen. Wir sind im
zweiten Stock. Ich werde blinzeln. Cissy steht in der Tür und
spricht mit Paul. – *„Hierher bitte, So. So. Hier. Danke. Rücken Sie die
Bahre ganz nah ans Bett heran."* – Sie heben die Bahre. Sie tragen
30 mich. Wie gut. Nun bin ich wieder zu Hause. Ah! – *„Danke. So, es
ist schon recht. Bitte die Türe zu schließen. – Wenn Sie so gut sein woll-
ten mir zu helfen, Cissy."* – *„O, mit Vergnügen, Herr Doktor."* – *„Langsam, bitte. Hier, bitte, Cissy, fassen Sie sie an. Hier an den Beinen.
Vorsichtig. Und dann – – Else – –? Hörst du mich, Else?"* – Aber na-
35 türlich höre ich dich, Paul. Ich höre alles. Aber was geht euch das

---

[1] psychiatrische Anstalt, Irrenanstalt

an. Es ist ja so schön, ohnmächtig zu sein. Ach, macht, was ihr wollt. – *„Paul!"* – *„Gnädige Frau?"* – *„Glaubst du wirklich, daß sie bewußtlos ist, Paul?"* – Du? Sie sagt ihm du. Hab ich euch erwischt! Du sagt sie ihm! – *„Ja, sie ist vollkommen bewußtlos. Das kommt*
5 *nach solchen Anfällen gewöhnlich vor."* – *„Nein, Paul, du bist zum Kranklachen, wenn du dich so erwachsen als Doktor benimmst."* – Hab ich euch, Schwindelbande! Hab ich euch? *„Still, Cissy."* – *„Warum denn, wenn sie nichts hört?!"* – Was ist denn geschehen? Nackt liege ich im Bett unter der Decke. Wie haben sie das gemacht? – *„Nun,*
10 *wie geht's? Besser?"* – Das ist ja die Tante. Was will sie denn da? *„Noch immer ohnmächtig?"* – Auf den Zehenspitzen schleicht sie heran. Sie soll zum Teufel gehen. Ich laß mich in keine Anstalt bringen. Ich bin nicht irrsinnig. – *„Kann man sie nicht zum Bewußtsein erwecken?"* – *„Sie wird bald wieder zu sich kommen, Mama.*
15 *Jetzt braucht sie nichts als Ruhe. Übrigens du auch, Mama. Möchtest du nicht schlafen gehen? Es besteht absolut keine Gefahr. Ich werde zusammen mit Frau Cissy bei Else Nachtwache halten."* – *„Jawohl, gnädige Frau, ich bin die Gardedame[1]. Oder Else, wie man's nimmt."* – Elendes Frauenzimmer. Ich liege hier ohnmächtig und sie macht
20 Späße. *„Und ich kann mich darauf verlassen, Paul, daß du mich wecken läßt, sobald der Arzt kommt?"* – *„Aber Mama, der kommt nicht vor morgen früh."* – *„Sie sieht aus, als wenn sie schliefe. Ihr Atem geht ganz ruhig."* – *„Es ist ja auch eine Art von Schlaf, Mama."* – *„Ich kann mich noch immer nicht fassen, Paul, ein solcher Skandal! – Du wirst*
25 *sehen, es kommt in die Zeitung!"* – *„Mama!"* – *„Aber sie kann doch nichts hören, wenn sie ohnmächtig ist. Wir reden doch ganz leise."* – *„In diesem Zustand sind die Sinne manchmal unheimlich geschärft."* – *„Sie haben einen so gelehrten Sohn, gnädige Frau."* – *„Bitte dich, Mama, geh zu Bette."* – *„Morgen reisen wir ab unter jeder Bedingung.*
30 *Und in Bozen[2] nehmen wir eine Wärterin für Else."* – Was? Eine Wärterin? Da werdet ihr euch aber täuschen. – *„Über all das reden wir morgen, Mama. Gute Nacht, Mama."* – *„Ich will mir einen Tee aufs Zimmer bringen lassen und in einer Viertelstunde schau ich noch einmal her."* – *„Das ist doch absolut nicht notwendig, Mama."* – Nein,

---

[1] Anstandsdame
[2] Hauptstadt von Südtirol

notwendig ist es nicht. Du sollst überhaupt zum Teufel gehen. Wo ist das Veronal? Ich muß noch warten. Sie begleiten die Tante zur Türe. Jetzt sieht mich niemand. Auf dem Nachttisch muß es ja stehen, das Glas mit dem Veronal. Wenn ich es austrinke ist alles
5 vorbei. Gleich werde ich es trinken. Die Tante ist fort. Paul und Cissy stehen noch an der Tür. Ha. Sie küßt ihn. Sie küßt ihn. Und ich liege nackt unter der Decke. Schämt ihr euch denn gar nicht? Sie küßt ihn wieder. Schämt ihr euch nicht? – *„Siehst du, Paul, jetzt weiß ich, daß sie ohnmächtig ist. Sonst wäre sie mir unbedingt an die*
10 *Kehle gesprungen."* „*Möchtest du mir nicht den Gefallen tun und schweigen, Cissy?"* – *„Aber was willst du denn, Paul? Entweder ist sie wirklich bewußtlos. Dann hört und sieht sie nichts. Oder sie hält uns zum Narren. Dann geschieht ihr ganz recht."* – *„Es hat geklopft, Cissy."* – *„Mir kam es auch so vor."* – *„Ich will leise aufmachen und sehen wer*
15 *es ist. – Guten Abend Herr von Dorsday."* – *„Verzeihen Sie, ich wollte nur fragen, wie sich die Kranke"* – Dorsday! Dorsday! Wagt er es wirklich? Alle Bestien sind losgelassen. Wo ist er denn? Ich höre sie flüstern vor der Tür. Paul und Dorsday. Cissy stellt sich vor den Spiegel hin. Was machen Sie vor dem Spiegel dort? Mein Spiegel
20 ist es. Ist nicht mein Bild noch drin? Was reden sie draußen vor der Tür, Paul und Dorsday? Ich fühle Cissys Blick. Vom Spiegel aus sieht sie zu mir her. Was will sie denn? Warum kommt sie denn näher? Hilfe! Hilfe! Ich schreie doch, und keiner hört mich. Was wollen Sie an meinem Bett, Cissy?! Warum beugen Sie sich
25 herab? wollen Sie mich erwürgen? Ich kann mich nicht rühren. – *„Else!"* – Was will sie denn? – *„Else! Hören Sie mich, Else?"* – Ich höre, aber ich schweige. Ich bin ohnmächtig, ich muß schweigen. – *„Else, Sie haben uns in einen schönen Schreck versetzt."* – Sie spricht zu mir. Sie spricht zu mir, als wenn ich wach wäre. Was will sie
30 denn? – *„Wissen Sie, was Sie getan haben, Else? Denken Sie, nur mit dem Mantel bekleidet sind Sie ins Musikzimmer getreten, sind plötzlich nackt dagestanden vor allen Leuten und dann sind Sie ohnmächtig hingefallen. Ein hysterischer Anfall wird behauptet. Ich glaube kein Wort davon. Ich glaube auch nicht, daß Sie bewußtlos sind. Ich wette,*
35 *Sie hören jedes Wort, das ich rede."* – Ja, ich höre, ja, ja, ja. Aber sie hört mein Ja nicht. Warum denn nicht? Ich kann meine Lippen nicht bewegen. Darum hört sie mich nicht. Ich kann mich nicht

rühren. Was ist denn mit mir? Bin ich tot? Bin ich scheintot? Träume ich? Wo ist das Veronal? Ich möchte mein Veronal trinken. Aber ich kann den Arm nicht ausstrecken. Gehen Sie fort, Cissy. Warum sind Sie über mich gebeugt? Fort, fort! Nie wird sie wissen, daß ich sie gehört habe. Niemand wird es je wissen. Nie wieder werde ich zu einem Menschen sprechen. Nie wache ich wieder auf. Sie geht zur Türe. Sie wendet sich noch einmal nach mir um. Sie öffnet die Türe. Dorsday! Dort steht er. Ich habe ihn gesehen mit geschlossenen Augen. Nein, ich sehe ihn wirklich. Ich habe ja die Augen offen. Die Türe ist angelehnt. Cissy ist auch draußen. Nun flüstern sie alle. Ich bin allein. Wenn ich mich jetzt rühren könnte.

Ha, ich kann ja, kann ja. Ich bewege die Hand, ich rege die Finger, ich strecke den Arm, ich sperre die Augen weit auf. Ich sehe, ich sehe. Da steht mein Glas. Geschwind, ehe sie wieder ins Zimmer kommen. Sind es nur Pulver genug?! Nie wieder darf ich erwachen. Was ich zu tun hatte auf der Welt, habe ich getan. Der Papa ist gerettet. Niemals könnte ich wieder unter Menschen gehen. Paul guckt durch die Türspalte herein. Er denkt, ich bin noch ohnmächtig. Er sieht nicht, daß ich den Arm beinahe schon ausgestreckt habe. Nun stehen sie wieder alle drei draußen vor der Tür, die Mörder! – Alle sind sie Mörder. Dorsday und Cissy und Paul, auch Fred ist ein Mörder und die Mama ist eine Mörderin. Alle haben sie mich gemordet und machen sich nichts wissen. Sie hat sich selber umgebracht, werden sie sagen. Ihr habt mich umgebracht, ihr alle, ihr alle! Hab ich es endlich? Geschwind, geschwind! Ich muß. Keinen Tropfen verschütten. So. Geschwind. Es schmeckt gut. Weiter, weiter. Es ist gar kein Gift. Nie hat mir was so gut geschmeckt. Wenn ihr wüßtet, wie gut der Tod schmeckt! Gute Nacht, mein Glas. Klirr, klirr! Was ist denn das? Auf dem Boden liegt das Glas. Unten liegt es. Gute Nacht. – *„Else! Else!"* – Was wollt ihr denn? – *„Else!"* – Seid ihr wieder da? Guten Morgen. Da lieg ich bewußtlos mit geschlossenen Augen. Nie wieder sollt ihr meine Augen sehen. – *„Sie muß sich bewegt haben, Paul, wie hätte es sonst herunterfallen können?"* – *„Eine unwillkürliche Bewegung, das wäre schon möglich."* – *„Wenn sie nicht wach ist."* – *„Was fällt dir ein, Cissy. Sieh sie doch nur an."* – Ich habe

Veronal getrunken. Ich werde sterben. Aber es ist geradeso wie vorher. Vielleicht war es nicht genug ... Paul faßt meine Hand. – *„Der Puls geht ruhig. Lach doch nicht, Cissy. Das arme Kind."* – *„Ob du mich auch ein armes Kind nennen würdest, wenn ich mich im*
5 *Musikzimmer nackt hingestellt hätte?"* – *„Schweig doch, Cissy."* – *„Ganz nach Belieben, mein Herr. Vielleicht soll ich mich entfernen, dich mit dem nackten Fräulein allein lassen. Ach bitte, geniere dich nicht. Tu, als ob ich nicht da wäre."* – Ich habe Veronal getrunken. Es ist gut. Ich werde sterben. Gott sei Dank. *„Übrigens weißt du,*
10 *was mir vorkommt. Daß dieser Herr von Dorsday in das nackte Fräulein verliebt ist. Er war so erregt, als ginge ihn die Sache persönlich an."* – Dorsday, Dorsday! Das ist ja der – Fünfzigtausend! Wird er sie abschicken? Um Gottes willen, wenn er sie nicht abschickt? Ich muß es ihnen sagen. Sie müssen ihn zwingen. Um Gottes
15 willen, wenn alles umsonst gewesen ist? Aber jetzt kann man mich noch retten. Paul! Cissy! Warum hört ihr mich denn nicht? Wißt ihr denn nicht, daß ich sterbe? Aber ich spüre nichts. Nur müde bin ich. Paul! Ich bin müde. Hörst du mich denn nicht? Ich bin müde, Paul. Ich kann die Lippen nicht öffnen. Ich kann
20 die Zunge nicht bewegen, aber ich bin noch nicht tot. Das ist das Veronal. Wo seid ihr denn? Gleich schlafe ich ein. Dann wird es zu spät sein! Ich höre sie gar nicht reden. Sie reden und ich weiß nicht was. Ihre Stimmen brausen so. So hilf mir doch, Paul! die Zunge ist mir so schwer. – *„Ich glaube, Cissy, daß sie bald erwachen*
25 *wird. Es ist, als wenn sie sich schon mühte, die Augen zu öffnen. Aber Cissy, was tust du denn?"* – *„Nun, ich umarme dich. Warum denn nicht? Sie hat sich auch nicht geniert."* – Nein, ich habe mich nicht geniert. Nackt bin ich dagestanden vor allen Leuten. Wenn ich nur reden könnte, so würdet ihr verstehen warum. Paul! Paul!
30 Ich will, daß ihr mich hört. Ich habe Veronal getrunken, Paul, zehn Pulver, hundert. Ich hab es nicht tun wollen. Ich war verrückt. Ich will nicht sterben. Du sollst mich retten, Paul. Du bist ja Doktor. Rette mich! *„Jetzt scheint sie wieder ganz ruhig geworden. Der Puls – der Puls ist ziemlich regelmäßig."* – Rette mich, Paul. Ich
35 beschwöre dich. Laß mich doch nicht sterben. Jetzt ist's noch Zeit. Aber dann werde ich einschlafen und ihr werdet es nicht wissen. Ich will nicht sterben. So rette mich doch. Es war nur

wegen Papa. Dorsday hat es verlangt. Paul! Paul! – *„Schau mal her Cissy, scheint dir nicht, daß sie lächelt?"* – *„Wie sollte sie nicht lächeln, Paul, wenn du immerfort zärtlich ihre Hand hältst."* – Cissy, Cissy, was habe ich dir denn getan, daß du so böse zu mir bist.
5 Behalte deinen Paul – aber laßt mich nicht sterben. Ich bin noch so jung. Die Mama wird sich kränken. Ich will noch auf viele Berge klettern. Ich will noch tanzen. Ich will auch einmal heiraten. Ich will noch reisen. Morgen machen wir die Partie auf den Cimone. Morgen wird ein wunderschöner Tag sein. Der Filou
10 soll mitkommen. Ich lade ihn ergebenst ein. Lauf ihm doch nach, Paul, er geht einen so schwindligen Weg. Er wird dem Papa begegnen. Adresse bleibt Fiala, vergiß nicht. Es sind nur fünfzigtausend, und dann ist alles in Ordnung. Da marschieren sie alle im Sträflingsgewand und singen. Mach auf das Tor, Herr Mata-
15 dor! Das ist ja alles nur ein Traum. Da geht auch Fred mit dem heiseren Fräulein und unter dem freien Himmel steht das Klavier. Der Klavierstimmer wohnt in der Bartensteinstraße[1], Mama! Warum hast du ihm denn nicht geschrieben, Kind? Du vergißt aber alles. Sie sollten mehr Skalen üben[2], Else. Ein Mädel
20 mit dreizehn Jahren sollte fleißiger sein. Rudi war auf dem Maskenball und ist erst um acht Uhr früh nach Hause gekommen. Was hast du mir mitgebracht, Papa? Dreißigtausend Puppen. Da brauch ich ein eigenes Haus dazu. Aber sie können auch im Garten spazierengehen. Oder auf den Maskenball mit Rudi. Grüß
25 dich Gott, Else. Ach Bertha, bist du wieder aus Neapel zurück? Ja, aus Sizilien. Erlaube, daß ich dir meinen Mann vorstelle, Else. Enchanté, Monsieur.[3] – *„Else, hörst du mich, Else? Ich bin es, Paul."* – Haha, Paul. Warum sitzest du denn auf der Giraffe im Ringelspiel[4]? – *„Else, Else!"* – So reit mir doch nicht davon. Du kannst
30 mich doch nicht hören, wenn du so schnell durch die Hauptallee[5] reitest. Du sollst mich ja retten. Ich habe Veronalica genommen.

---

[1] eigentlich Bartensteingasse (I. Wiener Bezirk)
[2] Tonleitern üben
[3] (frz.) Sehr erfreut, mein Herr.
[4] Karussell
[5] Allee im Prater (II. Wiener Bezirk); beliebte Korsostraße für Ausfahrten und Ausritte des Hofes, des Adels und des wohlhabenden Bürgertums

Das läuft mir über die Beine, rechts und links, wie Ameisen. Ja, fang ihn nur, den Herrn von Dorsday. Dort läuft er. Siehst du ihn denn nicht? Da springt er über den Teich. Er hat ja den Papa umgebracht. So lauf ihm doch nach. Ich laufe mit. Sie haben mir die
5 Bahre auf den Rücken geschnallt, aber ich laufe mit. Meine Brüste zittern so. Aber ich laufe mit. Wo bist du denn, Paul? Fred, wo bist du? Mama, wo bist du? Cissy? Warum laßt ihr mich denn allein durch die Wüste laufen? Ich habe ja Angst so allein. Ich werde lieber fliegen. Ich habe ja gewußt, daß ich fliegen kann.
10 „Else!" ...
„Else!" ...
Wo seid ihr denn? Ich höre euch, aber ich sehe euch nicht.
„Else!" ...
„Else!" ...
15 „Else!" ...
Was ist denn das? Ein ganzer Chor? Und Orgel auch? Ich singe mit. Was ist es denn für ein Lied? Alle singen mit. Die Wälder auch und die Berge und die Sterne. Nie habe ich etwas so Schönes gehört. Noch nie habe ich eine so helle Nacht gesehen. Gib mir
20 die Hand, Papa. Wir fliegen zusammen. So schön ist die Welt, wenn man fliegen kann. Küß mir doch nicht die Hand. Ich bin ja dein Kind, Papa.
„Else! Else!"
Sie rufen von so weit! Was wollt ihr denn? Nicht wecken. Ich
25 schlafe ja so gut. Morgen früh. Ich träume und fliege. Ich fliege ... fliege ... fliege ... schlafe und träume und fliege ... nicht wecken ... morgen früh ...
„El ..."
Ich fliege ... ich träume ... ich schlafe ... ich träu ... träu – ich flie ...[1]

30   Ende

---

[1] Anklänge an ein Lied aus „Des Knaben Wunderhorn" („Guten Abend, gute Nacht ... Morgen früh, wenn Gott will ...") und ein Lied von Brentano „Schlafen, träumen": Bezug zu einem berühmten Monolog Hamlets (W. Shakespeare): „Sterben – schlafen–/Schlafen! Vielleicht auch träumen!" (III,1)

Anhang

Arthur Schnitzler, um 1878

1. Zur Biografie Arthur Schnitzlers

Arthur Schnitzler entstammte einer jüdischen Arztfamilie, studierte selbst Medizin und praktizierte als Arzt, ab 1893 – nach dem Tod des Vaters – in seiner eigenen Privatpraxis. Schon als 24-Jähriger begann er, Prosa, Skizzen und Aphorismen in Zeitschriften zu veröffentlichen, denen im Laufe seines Lebens Dramen, Novellen und Erzählungen folgten. Schnitzlers Tagebücher ermöglichen gute Einblicke in die Zusammenhänge von Leben und Werk.

Michaela L. Perlmann: Biografisches

Arthur Schnitzler entstammt einer jüdischen Familie, in der sich zwei Stränge des österreichischen Judentums vereinigen: das durch eine akademische Karriere aufgestiegene, assimilierte Wiener Judentum und das aus den Judenvierteln der Provinzstädte in
5 die Hauptstadt übergesiedelte jüdische Kleinbürgertum. Durch die Heirat mit der Arzttochter Louise Markbreiter hatte Schnitzlers Vater Johann, der zum Arzt promovierte Sohn eines Tischlers aus dem ungarischen Groß-Kanizsa, den Aufstieg in das Wiener Bürgertum geschafft. Als ältester Sohn wurde Arthur Schnitzler 1862 in
10 diese wohlhabende Arztfamilie hineingeboren. Damit stand auch seine berufliche Bestimmung schon fest, stellte doch der Arztberuf die Voraussetzung seines sozialen Ansehens in der katholisch-aristokratisch geprägten Habsburger Monarchie dar. Angesichts des ursächlichen Zusammenhangs von Assimilation und sozialem
15 Aufstieg scheint die Distanz, die bereits der Fünfjährige bei einem Besuch der Familie in Ungarn empfand, folgerichtig. [...]
Das Schwanken zwischen Zugehörigkeit und Entfremdung nahm im Laufe der Jahre weiter zu. Besonders mit dem kontinuierlichen Anwachsen des Antisemitismus entstand das Gefühl, ein Fremder,
20 ja Feind im eigenen Land zu sein (Schwarz, 1985, S. 81 f.).
Früh fühlte sich Schnitzler von der Bühne als Welt der Verkleidungen, des Spiels und des Scheins angezogen. Nachdem der Vater bereits die eigene literarische Begabung gepflegt hatte und sich der Patientenkreis des Kehlkopfspezialisten zum großen Teil aus
25 Bühnenkünstlern zusammensetzte, förderte er die künstlerischen Neigungen des Sohnes. Mit achtzehn Jahren blickte dieser stolz

auf eine Liste von dreiundzwanzig vollendeten und dreizehn begonnenen Dramen zurück (Tgb., 25.05.1880).

Vom Arzt zum Schriftsteller

Wenngleich er „eine wirkliche Begabung oder auch nur ein auffallendes Interesse nach der naturwissenschaftlichen Seite hin" (JiW
5 90)[1] bei sich nicht konstatieren konnte, inskribierte Schnitzler 1879
– wie später auch sein Bruder Julius – an der medizinischen Fakultät der Wiener Universität. Dabei überwand er die Scheu vor dem Seziersaal schneller als den Zweifel an seiner Berufung zum Mediziner. Negativ berührte ihn der Antisemitismus, der in den 80er-
10 Jahren an der Hochschule bei Burschenschaften wie auch beim Militär bereits virulent war und bald seinem Vater als Leiter der Poliklinik zu schaffen machen sollte.

Das obligatorische Jahr als Freiwilliger leistete der jüdische Medizinstudent bei den militärärztlichen Eleven des Wiener Garnisons-
15 spitals ab, die wegen des großen Anteils an Juden und ihres Mangels an militärischer Haltung „Mosesdragoner" genannt wurden. Seiner antimilitaristischen Gesinnung verlieh er durch den Plan zu einem Aufsatz, der unter anderem die „Illiberalität der allgemeinen Wehrpflicht" (JiW 97) zum Thema haben sollte, schon früh Aus-
20 druck (A. Clive Roberts [1986], On the Origins of A. S.s Polemical Critique of Patriotism, Militarism, and War, in: MAL 19, 3–4, S. 213–226). Als einer der wenigen Kriegsgegner verweigerte er sich im August 1914 jenem Hurrapatriotismus, dem so viele seiner Dichterkollegen die Autorität ihres Namens liehen. Ebenso wenig
25 aber gehörte er zu den Unterzeichnern von Friedensappellen. Die nachgelassene Aphorismensammlung „Und einmal wird der Friede wiederkommen" nimmt später diese grundsätzlichen Überlegungen wieder auf.

Nach der Promotion zum Dr. med. 1885 folgten zwei Jahre als Se-
30 kundararzt am Allgemeinen Krankenhaus und weitere fünf als Assistent seines Vaters an der Poliklinik. Auf dessen Initiative hin

---

[1] JiW: Arthur Schnitzler: Jugend in Wien. Eine Autobiografie. Herausgegeben von Therese Nickel und Heinrich Schnitzler. Wien, München/Zürich (Molden) 1968, S. 90

wurde er 1887 Redakteur der von Johann Schnitzler begründeten „Internationalen Klinischen Rundschau'. Neben einigen Rezensionen über medizinische Fachliteratur veröffentlichte der wenig ambitionierte Sohn dort seinen einzigen wissenschaftlichen Aufsatz. Bis zum Tode seines Vaters 1893 konnte sich Schnitzler dieser Autorität nicht entziehen. [...]

Professor Johann Schnitzler

Das Problem „Ehe"

Die Ehe als einzige gesellschaftlich sanktionierte Form der geschlechtlichen Beziehung zwischen Mann und Frau beschäftigte Schnitzler in Leben und Werk gleichermaßen. Bezeichnend für die persönliche Bindungsangst ist das Resümee des 27-Jährigen in der Autobiografie. Mit Blick auf die dort verzeichneten Liebesabenteuer stellt er fest, „dass es noch zu früh für mich war, um in den Ehestand zu treten, dass ich noch als Junggeselle allerlei zu erleben hatte, um das zu werden, was ich werden sollte" (JiW 316).
Auch in den 90er-Jahren eilt Schnitzler weiterhin von einer Geliebten zur nächsten, betrügt eine mit der anderen. Abende mit einem „süßen Mädel" und leidenschaftliche Briefwechsel mit der in Provinzstädten auftretenden Schauspielerin Marie Glümer oder mit der „Muse" Olga Waissnix bilden Kontrapunkte zu der Affäre mit der Diva Adele Sandrock (Renate Wagner, Arthur Schnitzler und Adele Sandrock, Geschichte einer Liebe, Frankfurt 1975). Als 1894 die Sängerin Marie Reinhard in seiner Arztpraxis erscheint, liegt sein Verhältnis zu der Burgschauspielerin bereits in den letzten Zügen, doch wagt er nicht, die Premiere der „Liebelei" durch eine Trennung in Gefahr zu bringen.
Bei Marie Reinhard wird die Ehefrage erstmals akut, als sie nach dreijährigem Verhältnis mit Schnitzler 1897 ein Kind von ihm er-

wartet. Seine innere Auflehnung gegen den Zugzwang, in den er durch diese Situation geraten ist, seine Entscheidung, eine Heirat zunächst bis nach der Geburt, später dann bis auf Weiteres aufzuschieben und das Kind zu fremden Leuten zu geben, die mit Marie
5 Reinhard unternommene Reise, schließlich ihre Einquartierung in einen Wiener Vorort, beides, um die Schwangere den Augen der Wiener Gesellschaft zu entziehen, während er selbst sich mit einer verheirateten Frau in Ischl trifft – all das hat Schnitzler später in seinem Roman „Der Weg ins Freie" nacherzählt und aufgearbeitet.
10 Zur Durchsetzung seines egoistischen Freiheitsdranges nahm er in Kauf, der allgemein vorherrschenden Heuchelei Vorschub zu leisten, indem er die ungewollte Vaterschaft vertuschte. Symptomatisch für seine ambivalente Haltung ist die maßlose Trauer über die Totgeburt des Kindes und über den plötzlichen Tod Marie Rein-
15 hards nach einem Blinddarmdurchbruch, zwei Jahre später. Noch nach Jahren verzeichnet Schnitzler Träume in sein Tagebuch, die ihn schmerzlich an die „Entschwundene" erinnern.
Wenige Monate nach Marie Reinhards Tod erscheint 1899 die 18-jährige Schauspielschülerin Olga Gussmann in Schnitzlers
20 Arztpraxis. Als auch Olga 1902 schwanger wird, wiederholt Schnitzler sein Zögern vor einer Heirat. Doch Olga überwindet schließlich Schnitzlers Widerwillen gegen die Ehe,
25 nachdem sie aus der für die Entbindung gefundenen Villa in der Hinterbrühl mit ihrem Sohn Heinrich nach Wien zurückgekehrt ist.
30 1903 werden sie – trotz im Tagebuch festgehaltener „Verzweiflung" des Bräutigams (22.05.1903) – nach jüdischem Ritus im Tempel
35 getraut. 42-jährig gründet Schnitzler mit Olga und Heinrich den ersten eigenen

Marie Reinhard

Hausstand. Bis dahin hatte er als Junggeselle bei seiner Mutter gewohnt. Die Ehe, die Schnitzler im Grunde nicht
5 wollte, wird überschattet von Olgas Unzufriedenheit über das Fehlschlagen aller Versuche, sich als Sängerin zu etablieren. Dazu kommen perio-
10 disch wiederkehrende Geldsorgen. 1910 kauft Schnitzler, der ein Jahr zuvor erneut Vater geworden war, mithilfe eines Sparkassenkredits und einer
15 Anleihe bei seinem Bruder Julius, einem erfolgreichen Chi-

Olga Schnitzler, geb. Gussmann

rurgen, ein Haus in der Sternwartestraße 71, in einem Villenviertel von Wien. Die Ehe hindert Schnitzler nicht daran, sich in andere Frauen zu verlieben, doch erst als Olga 1918 ihrerseits ein Verhält-
20 nis mit dem in seinem Haus verkehrenden Komponisten Wilhelm Groß beginnt, distanziert er sich vollends. 1921 wird er in München im Tempel geschieden. Schon wegen der beiden Kinder – Heinrich hat zwischenzeitlich eine Schauspielausbildung begonnen, die 12-jährige Tochter Lili bleibt im Haushalt des Vaters – reißt der
25 Kontakt zu der nun in Deutschland lebenden Olga nie ab.
Schnitzler nimmt nach 18-jähriger Ehe im Alter von 59 Jahren sein Junggesellenleben wieder auf. Er weigert sich sowohl gegenüber Olga, die wiederholt zu ihm zurück will, wie auch gegenüber Clara Katharina Pollaczek, seiner neuer Gefährtin, die zurückgewonnene
30 Unabhängigkeit aufzugeben. Der Briefwechsel mit der wesentlich jüngeren Verehrerin Hedy Kempny (Heinz P. Adamek, Hedy Kempny: Arthur Schnitzler, Das Mädchen mit den dreizehn Seelen, Reinbek 1984) und das testamentarische Vermächtnis an Suzanne Clauser, die seine Werke ins Französische übersetzte und alle da-
35 raus resultierenden Einkünfte und Rechte geerbt hat, deuten an, dass Schnitzler im Alter enge freundschaftliche Beziehungen zu verschiedenen Frauen pflegte. Glücklos endete nicht nur seine ei-

gene Ehe, sondern auch die seiner Tochter Lili, die, erst 17-jährig, 1927 einen zwanzig Jahre älteren, sich zum Faschismus bekennenden italienischen Offizier heiratete und mit ihm nach Venedig zog. Bereits ein Jahr später beging Lili Selbstmord. Schnitzler führte die
5 als Ursache für diese Tat erkannte Schwermut, die er auch bei sich selbst und einigen Mitgliedern seiner Familie feststellte, auf Erbanlagen zurück. Dass auch zeit- und generationsspezifische Gründe eine Rolle gespielt haben mögen, zeigt die fatale Parallele zu Hofmannsthal, der ein Jahr nach Lilis Selbstmord seinen ältesten Sohn
10 Franz auf dieselbe Weise verlor. Sogar zu Freud, der 1920 seine Tochter Sophie bei einer Grippeepidemie verloren hatte, stellt sich, vermittelt über das tragische Ereignis, eine Gemeinsamkeit her: „Neulich im Traum: dass ich [...] bei Freud bin, – um mir (ungefähr) den Schmerz um Lili wegnehmen zu lassen, und Freud mir sagt,
15 auch er habe eine Tochter verloren (wie wirklich der Fall)" (Tgb. 14.10.1928).
Drei Jahre vor seinem eigenen Tod befindet sich Schnitzlers Familie in desolatem Zustand. Er stirbt allein in seinem Haus am 21. Oktober 1931, nach jahrzehntelangem, immer stärker werdendem
20 Ohrenleiden, das mit fortschreitendem Taubwerden seine physische und psychische Isolation vorantrieb, an einem Gehirnschlag. Abgesehen von zahlreichen Reisen hat er Wien nicht verlassen.
[...]

Aus: Michaela L. Perlmann: Arthur Schnitzler. Stuttgart und Weimar: J.B. Metzler 2004, S. 18–27

Die Villa Sternwartestraße 71 in Wien. Hier wohnte Schnitzler von 1910
bis zu seinem Tode 1931.

2. Wien um 1900

In Wien bewirkte der nach dem verlorenen Krieg gegen Preußen (1866) einsetzende wirtschaftliche Aufschwung eine Modernisierung, die das soziale Gefüge der alten Kaiserstadt veränderte. Diese Veränderung bildete sich augenfällig in der Topografie Wiens ab, wo die Ringstraße die alten Wälle ersetzte. Die Ringstraße repräsentierte die neue bürger-liche Oberschicht aus Wirtschaft und Kultur, zu der auch die Familie Schnitzlers gehörte.

Dagmar Lorenz: Wien als gesellschaftlich-kulturelle Gesamtsituation um 1900

Robert Musil, dessen Novelle *Die Verwirrungen des Zöglings Törleß* im Jahr 1906 erschien, sollte in seinem späteren Roman *Der Mann ohne Eigenschaften* die politische Gesamtlage des Habsburgerreiches, von ihm als „Kakanien" bezeichnet, als Groteske beschreiben:

5 „Es nannte sich schriftlich Österreichisch-Ungarische Monarchie und ließ sich mündlich Österreich rufen; mit einem Namen also, den es mit feierlichem Staatsschwur abgelegt hatte, aber in allen Gefühlsan-gelegenheiten beibehielt, zum Zeichen, daß Gefühle ebenso wichtig sind wie Staatsrecht und Vorschriften nicht den wirklichen Lebens-
10 ernst bedeuten. Es war seiner Verfassung nach liberal, aber es wurde klerikal regiert. Es wurde klerikal regiert, aber man lebte freisinnig. Vor dem Gesetz waren alle Bürger gleich, aber nicht alle waren eben Bür-ger. Man hatte ein Parlament, welches so gewaltigen Gebrauch von seiner Freiheit machte, daß man es gewöhnlich geschlossen hielt;
15 aber man hatte auch einen Notstandsparagraphen, mit dessen Hilfe man ohne Parlament auskam, und jedesmal, wenn alles sich schon über den Absolutismus freute, ordnete die Krone an, daß nun doch wieder parlamentarisch regiert werden müsse. Solcher Geschehnisse gab es viele in diesem Staat, und zu ihnen gehörten auch jene natio-
20 nalen Kämpfe [...] Sie waren so heftig, daß die Staatsmaschine mehr-mals im Jahr stockte und stillstand, aber in den Zwischenzeiten und Staatspausen kam man ausgezeichnet miteinander aus und tat, als ob nichts geschehen wäre"[1] (Musil, hg. v. A. Frisé 1978, S. 33).

---

[1] aus Gründen der Texttreue nicht in reformierter Schreibung

Kaiser Franz Joseph I.

So skurril die Schilderung sich ausnimmt: die von Musil genann-
ten widersprechenden Tendenzen waren charakteristische Einzel-
züge der Habsburgermonarchie im letzten Viertel des 19. Jahrhunderts. Seit dem Ausgleich mit Ungarn (1867) existierten faktisch
5 zwei weitgehend selbstständige Staaten – Österreich und Ungarn
– innerhalb eines Reiches. Daneben gab es die mittelalterlich-feu-
dal definierten Kronländer und es gab die Nationalitäten innerhalb
der Reichsgrenzen, die Tschechen, Slowaken, Slowenen, Ruthenen
in Österreich, die Serben und die Rumänen in Ungarn. Nicht weni-
10 ger als 15 ethnische Gruppen, 12 Hauptsprachen, 5 Religionen und
mindestens 5 eigenständige kulturelle Traditionen (Brix 1990,
S. 136) umfasste dieses Gebilde, an dessen Spitze ein habsburgi-
scher Kaiser stand, der, gewissermaßen erstarrt in einem Netz ar-
chaischer Hofkonventionen, zusehends den Kontakt mit den ge-
15 sellschaftlichen Realitäten seiner Zeit verlor.
Divergierende soziale, wirtschaftliche, juristische (!) und kulturelle
Entwicklungen sorgten für ein latentes Spannungsgefüge zwischen den einzelnen Nationalitäten untereinander sowie mit der
Zentralmacht, die immer weniger in der Lage war, die jeweiligen
20 nationalen Autonomiebestrebungen kontrollieren zu können
(Rumpler 1991). Doch zugleich stellten sich die Beziehungen der
einzelnen Teile des Gesamtstaates zueinander als derart komplex
und ineinander verwoben dar, dass gerade solche Heterogenität
das übernationale Selbstverständnis der Donaumonarchie prägte.
25 Die Methodik, welche die kulturwissenschaftliche Richtung der
‚Postcolonial Studies' bietet, mag sich – nach Csáky, Feichtinger,
Karoshi und Munz – bei der Analyse der Differenzen, Mehrdeutig-
keiten und Vielfachcodierungen im habsburgischen Vielvölkerstaat
als hilfreich erweisen (dieselben 2004 c, S. 13–43).
30 Im Zusammenhang mit der Herausbildung der geistig-kulturellen
Moderne ist insbesondere erwähnenswert, dass ihre herausragen-
den Persönlichkeiten einer Generation angehörten, die ihre Bil-
dungsgrundlagen dem klassischen Bildungsprogramm des grün-
derzeitlichen Gymnasiums ebenso verdankte (vgl. dazu Leitner
35 1999, S. 267–293; Rinofner-Kreidl 1998) wie dem spezifischen äs-
thetisch-kulturellen Milieu im Wien jener Jahre. Ob der aus be-
scheidenen Sozialverhältnissen stammende Sigmund Freud (geb.

1856) oder Arthur Schnitzler (geb. 1862), Sohn des angesehenen Universitätsprofessors und Chefarztes der Wiener Poliklinik, Johann Schnitzler, ja selbst die jüngeren wie der Großbürgerssohn Hugo von Hofmannsthal (geb. 1874) oder der aus einer adligen Künstler- und Gelehrtenfamilie stammende Leopold Andrian (geb. 1875 als Leopold Reichsfreiherr von Andrian-Werburg) – sie alle wurden gewissermaßen hineingeboren in eine politische und wirtschaftliche Aufschwungsperiode, die – obwohl im Vergleich zum übrigen Europa verzögert – in den 1860er-Jahren ein liberal orientiertes Bürgertum entstehen ließ.

Der verlorene Krieg gegen Preußen (1866) provozierte eine Haltung außenpolitischer Zurückgezogenheit, eine Konzentration auf die eigene wirtschaftliche, mithin aber auch kulturelle Entwicklung, die Carl Schorske als kompensatorische Reaktion gegen das preußische Berlin interpretiert (Schorske 1982). Im Zuge der Niederlage gegen Preußen und des sich abzeichnenden wirtschaftlichen Aufschwungs gelangte die Deutsch-Liberale Verfassungspartei an die Regierung. Sie stellte zwischen 1867 und 1878 die Kabinette. Freilich beruhte ihre politische Macht nicht auf der eigenen Stärke, sondern auf der Schwäche der altadelig-klerikalen Kräfte. Die gesellschaftliche Grundlage des Industrie- und Handelsbürgertums blieb verhältnismäßig ungefestigt, beruhte sie doch in einem weitgehend agrarisch geprägten Großreich auf den deutsch-österreichisch-jüdischen Unternehmer- und Kaufmannsschichten, die lediglich in den städtischen Zentren des Habsburger Vielvölkerstaates an Bedeutung gewannen. Im städtischen Zentrum des Habsburgerreiche par excellence, in Wien also, bewirkte der wirtschaftliche Aufschwung eine Modernisierung, die das soziale Gefüge der alten Kaiserstadt in den folgenden Jahrzehnten verändern sollte.

In augenfälliger Weise bildete sich etwa die Verschiebung des Sozialgefüges ab in der topografischen Struktur der alten Habsburgerhauptstadt Wien. Zu dem von barock-katholisierender Kultur geprägten altösterreichischen Hochadel und der kaiserlichen Verwaltungsbürokratie drängte sich bald eine Schicht von wirtschaftsstarken Emporkömmlingen, die sich den Ideen eines wissenschaftsgläubigen Liberalismus verpflichtet fühlte. Bereits ab 1857 hatte man mit dem Abriss der alten Festungswälle Wiens

begonnen (Lichtenberger 1970, S. 17 f.) – und damit scheinbar eine städtebauliche Neuordnung initiiert, wie sie in anderen europäischen Hauptstädten (etwa Paris) mit dem Bau schnurgerade angelegter Avenuen und Boulevards vollzogen wurde. Der städte-
5 bauliche Neuentwurf in Wien entpuppte sich jedoch – etwa im Vergleich zu Paris – nicht nur als weitaus weniger radikale Umgestaltung, er war offenbar auch mit anderen programmatischen Absichten verknüpft. An die Stelle der alten Wälle trat die Ringstraße, deren charakteristische Gestalt für Rüdiger Görner eine
10 Moderne bezeichnet, die „den Durchbruch ins Zirkulare" „vollzog" und den „Fortschritt als Kreisbewegung" „wagte", wobei – ebenfalls im Gegensatz zu Paris – das labyrinthische Gewirr der alten Wohnviertel im Inneren erhalten blieb (Görner 2002, S. 105). Die äußeren Schauseiten der Ringstraße freilich, wurden – einer
15 Kette ähnlich – sozusagen mit architektonischen Schmuckstücken besetzt: mit repräsentativen Staatsbauten, hochherrschaftlichen Stadthäusern und historisierenden Fassaden, die als neugotische, neobarocke und renaissancehafte Stilnachahmungen dekoriert wurden. Carl E. Schorske hat darauf verwiesen, dass et-
20 wa der sogenannte Rathaus-Bezirk mit seinen vier öffentlichen Gebäuden das steingewordene Wertesystem des Liberalismus darstellte: die parlamentarische Regierung im Gebäude des Reichsrats, die städtische Selbstverwaltung im Rathaus, die höhere Bildung in der Universität und die Schauspielkunst im Burg-
25 theater (Schorske 1982, S. 35). Zweifellos aber handelt es sich hier auch um das Bemühen, städtische Identität herzustellen. Indem man sich in der Architektur aus dem stilistischen Fundus vergangener Epochen bediente, suchte man aus dem Geist der Vergangenheit eine neue übergreifende Identität in der Gegenwart zu
30 gewinnen – zumal in einer Stadt, deren Einwohner aus den unterschiedlichen Regionen des Habsburgerreiches stammten (vgl. dazu Csáky 2004 b, S. 26; Holzer-Kernbichler/Nußbaumer/u. a. 2004 c, S. 129–163).
Die Ringstraße galt schon den Söhnen der Gründergeneration als
35 Synonym für die Repräsentationswelt der Väter Janz/Laermann 1977; Schorske 1982, S. 24 f.). Und nicht von ungefähr wird die Epoche der Gründerzeit in der österreichischen Fachliteratur auch als

„Ringstraßenzeit" bezeichnet (Springer 1979; Rossbacher 1992),
bietet doch die Wiener Ringstraße in ihren einzelnen geografi-
schen Teilabschnitten einen repräsentativen Querschnitt durch die
bürgerlichen Aufsteigerschichten der Gründerzeit. Elisabeth Lich-
5 tenberger hat nachgewiesen, dass es, neben dem traditionellen
Hochadel und den in seiner Nachbarschaft ansässigen Luxus-Ge-
werbebetrieben, einer vom industriellen Zeitalter geprägten bürgerlichen Oberschicht vorbehalten war, herausragende Ringstra-
ßen-Viertel zu besetzen. Es waren dies hohe Verwaltungsbeamte,
10 Universitätsangehörige, Bankiers, zahlreiche Angehörige freier
Berufe, wie Kaufleute, Rechtsanwälte, Ärzte (Lichtenberger 1970,
S. 63).
Viele von ihnen, wie etwa auch die Eltern Arthur Schnitzlers, zähl-
ten zu den zahlreichen jüdischen Untertanen des k.u.k.-Reiches,
15 die einst in der Hoffnung auf gesellschaftlichen Aufstieg aus den
wirtschaftlich unterentwickelten Gebieten, wie etwa Galizien oder
Ungarn, nach Wien gekommen waren, und, sofern sie erfolgreich
waren, die eigentlichen deutsch-österreichischen Kultureliten dar-
stellten. Die Judenemanzipation des 19. Jahrhunderts hatte ihnen
20 die staatsbürgerliche Gleichstellung versprochen. Und die Assimilation qua Aneignung deutsch-österreichischen Kulturerbes fügte
dem wirtschaftlichen Aufstieg noch die gesellschaftliche Reputa-
tion bei. Die zu Wohlstand gelangte Vätergeneration der späteren
Jung-Wiener Modernen war eine mit liberalem Fortschritts- und
25 Vernunftoptimismus ausgestattete Bürgerschicht. In seiner auto-
biografischen Rückschau spricht Stefan Zweig über das ausgepräg-
te Sicherheitsbedürfnis dieser Vätergeneration und bezeichnet damit indirekt auch die verdrängte Kehrseite der Ringstraßengesell-
schaft: ihre heimliche Angst vor dem in ihre Welt einbrechenden
30 Unberechenbaren (vgl. Zweig, Ausg. 1980, S. 14 f.). Diese Ambiva-
lenz ist selbst unter der Oberfläche der offiziösen Kultur jener Epoche aufzuspüren, die vor allem eine Kultur der Selbstrepräsenta-
tion war. In ihrem Bemühen, sich an die alten Adels-Oberschichten
anzugleichen, orientierte sich die neue, bürgerliche Oberschicht
35 am Lebensstil des Adels, d.h., als Statussymbole boten sich vor
allem die „musikalischen und schaukulturellen Geschmackstradi-
tionen des alten Adels" an, wie Karlheinz Rossbacher in seiner Un-

tersuchung über Literatur und Liberalismus (Rosbacher 1992, S. 17f.) betont. [...]

Aus: Dagmar Lorenz: Wiener Moderne. Stuttgart und Weimar: J.B. Metzler 2007, S. 13–17

Bibliografie

– Box, Emil: Das österreichische und internationale Interesse am Thema „Wien um 1900". In: Brix/Werkner 1990, S. 136–150
– Csáky, Moritz: Die Moderne in Wien und in Zentraleuropa. In: Moderne/Modernismus/Modernisierung. Materialien der Konferenz Epoche „Moderne". Normen und Ausnahmefälle in der europäischen Kultur um die XIX–XX. Jahrhundertwende. Russland, Österreich, Deutschland, Schweiz. Moskau 2004, S. 21–46
– Csáky, Moritz/Feichtinger, Johannes/Karoshi, Peter/Munz, Volker: Pluralitäten, Heterogenitäten, Differenzen. Zentraleuropas Paradigmen für die Moderne. In: Csáky/Kury/Tragatschnik (Hrg.): Kultur, Identität, Differenz. Wien und Zentraleuropa in der Moderne. Innsbruck 2004, S. 13–43
– Görner, Rüdiger: Ringstraße oder Square. Junges Wien und Dandyismus. In: Eicher, Thomas (Hrg.): Grenzüberschreitungen um 1900, Österreichische Literatur im Übergang. Oberhauser 2002
– Holzer-Kernbichler, Monika/Nußbaumer, Martina/Senarclens de Grancy, Antje/Stadler, Elisabeth/Stromberger, Monika/Uhl, Heidemarie/Wilding, Peter: Stadt(leit)bilder. Imaginationen und Konzepte der modernen Stadt um 1900. In: Csáky/Kury/Tragatschnig (Hrg.): Kultur, Identität, Differenz. Wien und Zentraleuropa in der Moderne. Innsbruck 2004, S. 129–163
– Janz, Rolf-Peter/Laermann, Klaus: Arthur Schnitzler. Zur Diagnose des Wiener Bürgertums im Fin de siècle. Stuttgart 1977
– Leitner, Rainer: Das Gymnasium als identitätsstiftende Institution der Wiener Moderne vor dem Hintergrund einer pluralistischen Gesellschaft. In: Kernmayer, Hildegard (Hrg.): Zerfall und Rekonstruktion. Identitäten und ihre Rekonstruktion in der Österreichischen Moderne (Studien zur Moderne 5). Wien 1999, S. 267–293
– Lichtenberger, Elisabeth: Wirtschaftsfunktion und Sozialstruktur der Wiener Ringstraße. Herausgegeben von Renate Wagner-Rieger. Wien/Köln/Graz 1970

– Musil, Robert: Der Mann ohne Eigenschaften. Roman. Herausgegeben von Adolf Frisé. Hamburg 1978
– Rinofner-Kreidl, Sonja (Hrg.): Zwischen Orientierung und Krise. Zum Umgang mit Wissen in der Moderne (Studien zur Moderne 2). Wien/Köln/Graz 1998
– Rossbacher, Karlheinz: Literatur und Liberalismus. Zur Kultur der Ringstraßenzeit in Wien. Wien 1992
– Rumpler, Helmut (Hrg.): Innere Staatsbildung und gesellschaftliche Modernisierung in Österreich und Deutschland 1867/71 –1914. München 1991
– Schorske, Carl E.: Wien, Geist und Gesellschaft im Fin de siècle. Dt. von Horst Günther. Frankfurt a. M. 1982
– Springer, Elisabeth: Geschichte und Kulturleben der Wiener Ringstraße. Herausgegeben von Renate Wagner-Rieger. Wiesbaden 1979
– Zweig, Stefan: Die Welt von Gestern. Erinnerungen eines Europäers. Frankfurt a. M. 1980

Kaiser Franz Joseph I.

3. Aufwachsen in „guter Familie":
Elses Welt

„Ich bin ja ein junges Mädchen. Bin ein anständiges junges Mädchen aus guter Familie. Bin ja keine Dirne ..."

In der literaturwissenschaftlichen Forschung war die Novelle „Fräulein Else" oftmals als Fallbeispiel einer Psychopathologie gesehen worden, die Figur Else als Hysterikerin, die den krankhaften Anteilen ihres Charakters hilflos ausgeliefert ist. Dieser Forschungshorizont hat sich durch genderspezifische und vor allem literatursoziologische Fragestellungen in den letzten Jahren erweitert.[1] Neuere Untersuchungen richten sich genauer auf den sozialhistorischen Kontext der Handlungs- (die Jahrhundertwende) und der Entstehungszeit des Werkes (die Zeit nach dem Ersten Weltkrieg) und belegen anschaulich die enge Verbindung, die die Figuren zum Geld und ihrer jüdischen Herkunft aufweisen. Ihre Ergebnisse beweisen, dass die Judenproblematik eine wichtige Rolle bei der Entstehung von Elses Konflikt spielt. Obwohl sich die Handlung zeitlich genau auf das Jahr 1896 datieren lässt, spielen die gesellschaftlichen Veränderungen nach dem Ersten Weltkrieg, der Entstehungszeit der Novelle, eine entscheidende Rolle: das Zerbrechen der sozialen Bindungen, das Nützlichkeitsdenken und ein krasser Materialismus, der alle Werte zur Ware degradiert. Diese Umbruchssituation der Nachkriegszeit verkörpert Dorsday in besonderem Maße: „Und – was ich mir diesmal kaufen will, Else, so viel es auch ist, Sie werden nicht ärmer dadurch, daß Sie es verkaufen."[2]
Schnitzlers Novelle entlarvt eine Gesellschaft, die ihre „Töchter sexuell verdinglicht und verrät. [...] Nicht etwa als Krankengeschichte einer Verrückten, sondern als Diagnose der Herabwertung und Veräußerung einer Tochter behielt die Novelle über Jahrzehnte ihre Aktualität."[3]

---

[1] vgl. M. Perlmann: in: E. Polt-Heinzl (2002), S. 67

[2] S. 32

[3] K. Fliedl (2005), S. 219 f.

Das jüdische Bürgertum in Wien um 1900

Else entstammt, wie auch der Autor Schnitzler, dem liberalen jüdischen Bürgertum, das sich seit den Mitte des 19. Jh. im Kaiserreich erlassenen Gesetzen zur rechtlichen Gleichstellung der Juden die deutsche Kultur erfolgreich angeeignet und einen entscheidenden
5 Anteil an ihrer Hochblüte um die Jahrhundertwende hat (vgl. die große Zahl jüdischer Künstler und Intellektueller im Wien um 1900). Da den jüdischen Bürgern auch weiterhin der Zugang zum höheren Staatsdienst und den Führungspositionen der Armee verschlossen ist, gibt es eine starke Konzentration in den freien Beru-
10 fen und im Finanz- und Handelswesen, wobei die Karriere jüdischer Unternehmer im Handel schon historisch bedingt ist. Seit dem 15. Jahrhundert hatten die Juden in vielen Städten kein Bürgerrecht, sie verdienten folglich ihr Geld vorwiegend als Freiberufler und Handlungsreisende.
15 Nachstehende Tabellen belegen den bedeutenden Anteil der Wiener jüdischen männlichen Berufstätigen in den Sparten Handel/ Verkehr und Freie Berufe:

Berufssparte männlicher jüdischer Heiratender sowie der ihrer Väter (kombiniert), 1870 – 1910, und der IKG-Kultursteuerzahler (kombiniert), 1855 – 1914

Sektor	Männl. Heiratende N = 835	Väter N = 1075	IKG-Steuerzahler N = 2507
Landwirtschaft	0,2 %	0,3 %	0,1 %
Industrie	19,6 %	24,7 %	18,4 %
Handel und Verkehr	44,3 %	50,4 %	42,2 %
Öffentlicher Dienst und Freie Berufe	35,7 %	24,7 %	39,2 %
	100 %	100 %	100 %

Berufssparte der gesamten Wiener Berufstätigen, 1890–1910

Sektor	1890 N = 695 394	1900 N = 848 973	1910 N = 1 094 185	Durchschnitt 1890–1910
Landwirtschaft	1,2 %	0,7 %	0,9 %	0,9 %
Industrie	55,4 %	51,5 %	46,6 %	51,2 %
Handel und Verkehr	21,5 %	23,5 %	27,1 %	24,0 %
Öffentlicher Dienst und Freie Berufe	21,6 %	24,3 %	25,4 %	24,9 %
	100 %	100 %	100 %	0,9 %

Quellen: Öst. Stat., 33: 1, S. VIII; 66: 1, 5. XVI; N. F. 3: 1, S. 13*. zit. n. Rozenblit, Marsha L.: Die Juden Wiens 1867–1914. Wien: Böhlan 1989, S. 73.[1]

Der Großteil der Wiener Juden ist innerhalb der Mittelschicht des Wiener Bürgertums angesiedelt. Eine besondere Rolle spielt das jüdische Großbürgertum, das vor allem im Finanzsektor stark vertreten ist. Berühmte Bankiersfamilien wie z. B. die Rothschilds und
5 Ephrussis sind wichtige Stützen der österreichischen Monarchie und traditionell eng mit dem Kaiser verbunden.
Insgesamt ist unter der jüdischen Bevölkerung eine starke Verbürgerlichung und Intellektualisierung festzustellen. Die jüdischen Familien legen großen Wert auf eine gute Schul- und Universitäts-
10 bildung ihrer Kinder, denn nur eine erfolgreiche Ausbildung ermöglicht den Zugang zu Karrieren in der Wirtschaft und den Freien Berufen. Obwohl ihr Anteil an der Gesamtbevölkerung Wiens nur ca. 10 % beträgt, stellen um die Jahrhundertwende jüdische Kinder 30 % der Gymnasiasten. Die bedeutende Stellung jüdischer Bürger
15 zeigt sich auch an der hohen Zahl an Rechtsanwälten, Ärzten und Intellektuellen, u. a. den Herausgebern bekannter Presseorgane.

---

[1] „Karl Kraus und das Judentum". Diplomarbeit von Markus Murauer. 1999. http://www.aurora-magazin.at/wissenschaft/murauer_kraus.htm (Abruf: 10.7.2016)

Else als Prototyp einer jungen Frau aus „guter Familie"

Elses Herkunftsmilieu ist zwar dem der großen Wiener Bankiersfamilien nicht vergleichbar, dennoch wird sie in eine gut situierte bürgerlich-liberale Familie hineingeboren, die eng mit dem Milieu der Finanz- und Geldwirtschaft verbunden ist.

5 Der Vater übt, wie im assimilierten[1] Judentum üblich, einen freien Beruf aus. Er ist ein bekannter und erfolgreicher Anwalt und kann seiner Familie, Frau, Sohn und Tochter, ein standesgemäßes Leben bieten: eine große Wohnung in einem bürgerlichen Viertel Wiens, Teilnahme an den Vergnügungen der gesellschaftlichen Elite, Feri-
10 enaufenthalte in mondänen Orten. Dieser aufwendige Lebensstil hat allerdings seine Kehrseite, zumal die Spielsucht des Vaters die Familie wiederholt in finanzielle Krisen treibt. Dennoch hält man an dem gehobenen Lebensstandard fest. Um an das erforderliche Geld zu kommen, veruntreut der Vater wiederholt Gelder seiner
15 Klientel, wobei er sich bisher dem gerichtlichen Zugriff und dem drohenden Gefängnis gerade noch entziehen konnte.

Die aktuelle Krise allerdings lässt sich auf gewohnte Art – Kreditaufnahme bei Banken, Verwandtschaft und Freunden – nicht mehr bewältigen. Der Familie droht der Ruin und die Eltern sehen keinen
20 anderen Ausweg mehr, als ihre Tochter zu einer Verhandlung mit dem reichen Kunsthändler Dorsday zu drängen. Else soll sich ihm mit der Bitte um finanzielle Unterstützung andienen. Dass damit auch weitergehende sexuelle Forderungen an die Tochter verbunden sein können, wird von den Eltern billigend in Kauf genommen.
25 Der Brief der Mutter thematisiert das zwar nicht ausdrücklich, aber deutet es unterschwellig an.

Mit der Figur Else entwirft Schnitzler eine junge Frau, die sich durch hohe Sensibilität, Keckheit und Selbstbewusstsein auszeichnet, ein Frauentypus, der Schnitzler aus seiner eigenen Familie und
30 dem Freundeskreis vertraut ist (vgl. S. 94 ff.). Else hat eine für ihre gesellschaftliche Schicht typische Erziehung und Bildung genossen. Sie beherrscht Fremdsprachen, ist belesen, kann Klavier spielen und hat kunstgeschichtliche Seminare besucht. Sie ist sportlich

---

[1] Assimilation: Angleichung einer ethnischen Gruppe an eine andere

und bewegt sich gewandt in gehobener Gesellschaft. Für junge Mädchen ihres Standes gibt es keinen Zwang zu einer Berufsausbildung, man lebt im Kreise der Familie, genießt Freizeit und Vergnügen und macht sich wenig Sorgen um die Zukunft, die in einer
5 arrangierten Versorgungsehe mit einem reichen Mann und der Gründung einer eigenen Familie ihre Bestimmung findet.

Typisch für Töchter aus guter Familie hat Else ein ausgeprägtes Standes- und Selbstbewusstsein, das allerdings auch das Gefühl des Elitismus und des Außenseitertums, die „Hochgemutheit",
10 einschließt. Soziale Diskriminierung und Standesdünkel des gehobenen assimilierten Judentums gegenüber niedereren Schichten, vor allem den aus dem osteuropäischen Landesteilen zugereisten Juden, sind ihr nicht fremd. Ausdruck dieses Dünkels z. B. sind ihre Vorbehalte gegenüber ihrem Jugendfreund Fred, den sie „nähme,
15 wenn er Geld hätte." (S. 19) Auch Dorsday durchschaut sie genau und erkennt mit sicherem Instinkt den um Assimilation bemühten Juden, der seine Herkunft aus dem Osten leugnet und sich durch Annahme eines Adelstitels aufzuwerten versucht.

Else kann also in all ihren Facetten als Repräsentantin für die histo
20 rische Situation 1921–1924 gelten: eine junge jüdische Frau im Spannungsfeld zwischen Konvention und Rebellion. „Trotz der besonderen Umstände, die ihre Katastrophe herbeiführen, ist ja Else nur ein Beispiel, nur ein Typus, und an ihrem Fall, an ihrer Wehrlosigkeit, wird der wehrlose, preisgegebene, der unglückliche Zu
25 stand aller ihrer Schicksalsgefährtinnen erschreckend klar."[1]

Originalbeitrag

---

[1] Felix Salten, zitiert nach E. Pott-Heinzl (2002), S. 54

Entstehungsgeschichte und Vorbilder

Da Schnitzler seine Arbeit sorgfältig in seinen Tagebüchern protokolliert hat, lassen sich genaue Angaben über die Entstehung der Novelle „Fräulein Else" machen. Zunächst entstand eine Skizze zur Erzählung: „Ein junges Mädchen tritt nackt in den Speisesaal eines Berghotels. Sie erzählt, dass sie beraubt wurde. Motiv: Sie tut es, um die Männer zu prüfen, die sich um sie bewerben." (8. Aug. 1921) Die Niederschrift und Überarbeitung des Werkes erfolgt dann 1922–1924. Es erscheint im Oktober 1924 in der „Neue[n] Rundschau", Nr. 35, Heft 10. Im gleichen Jahr folgt die Buchausgabe im Verlag Paul Zsolnay.

„Else-Figuren": Vorbilder für die Protagonistin

Auch wenn Schnitzler die Arbeit an „Fräulein Else" leicht von der Hand ging, beschäftigte ihn das Werk dennoch intensiv. Während der Phase der Niederschrift und der Überarbeitung der Novelle (1922–1924) notiert Schnitzler diverse Träume, die er mit der Else-Handlung in Verbindung bringt, was zeigt, wie stark ihn das Schick-
5 sal Elses bewegt. Zum Beispiel erinnert er sich an Träume vom Fliegen, „Nun komme ich irgendwie hervor, und fliege, im Bademantel (der Fliegertraum sehr oft!) [...] Frl. Else! – (Novelle ‚Ich fliege')"[1], die sich wörtlich in der Schlussszene der Novelle wiederfinden.

Gefragt nach direkten oder indirekten Einflüssen und Vorbildern zu
10 seiner Erzählung besteht Schnitzler auf der Singularität seiner Novelle. So schreibt er an einen Jungendfreund: „[...] der Fall, den ich erzählt habe, ist völlig frei erfunden ...". Dennoch konzediert er, dass es Ereignisse und Erfahrungen mit Personen gegeben habe, die bewusst oder unbewusst die Gestaltung der Novelle geprägt
15 hätten. Er erinnert den Freund daran, dass „gewisse Vorgänge, die in der Familie der Else spielen, [...] sich, wie Du ja wahrscheinlich weißt, in meiner Verwandtschaft zugetragen [haben], und das junge Mädchen, die Tochter des unglücklichen Advokaten, meine früh verstorbene Cousine, hat tatsächlich Else geheißen [gemeint ist
20 Else Markbreiter, d. Verf.]"[2].

---

[1] zitiert nach Polt-Heinzl (2002), S. 37
[2] zitiert nach Polt-Heinzl (2002), S. 41

Tragische Schicksale und Selbstmorde junger Frauen aus der „guten" Gesellschaft ereigneten sich nicht selten in der damaligen Zeit
und weisen auf die Zwänge und oft ausweglosen Konfliktsituatio-
nen hin, in denen sich junge Mädchen und Frauen, insbesondere
5 jüdischer Herkunft, befanden. Insofern liefert Schnitzlers Novelle
ein realistisches Abbild der bürgerlichen Gesellschaft ihrer Zeit (s.
Kap. 3, S. 89 ff.).

Die literaturwissenschaftliche Rezeption nennt über den Fall Else
Markbreiter hinausgehend mehrere aufsehenerregende Geschich-
10 ten von jungen Frauen, die Ähnlichkeiten mit Else und ihrem
Schicksal hatten:

Else Markbreiter (1870 – 1902)

Schnitzlers Onkel Edmund Markbreiter (1842 – 1909), ein angese-
hener Rechtsanwalt, der Vater Elses, flieht nach Amerika, nachdem
er Gelder seiner Mandanten veruntreut hat. Anlässlich eines Be-
15 suchs Edmunds in Bad Ischl notiert Schnitzler in seiner Autobiographie „Jugend in Wien":

„Dora Kohnberger, die sich während dieses Sommers in Ischl auf-
hielt, begleitete ich auf einem peinlichen Gang ins Hotel Bauer, wo
wir bei einem guten Freunde für meinen Onkel Edmund Markbrei-
20 ter, Doras Schwager, der wieder einmal vor dem Ruin, wenn nicht
gar vor dem Kriminal stand, als Bittsteller vorsprachen. Es handel-
te sich um ein paar Tausend Gulden, die durch eine Sammlung
aufgebracht werden sollten, an der sich hauptsächlich Verwandte
beteiligten, soweit sie nicht schon müde geworden waren, dem
25 unverbesserlichen Verschwender und Börsenspieler, der zugleich
ein so großer Advokat war, aber persönlich allen Kredit verloren
hatte, beizustehen. Herr Cz., ein reicher Kunsthändler, Junggeselle, Freund der Familie und – ohne Erfolg natürlich – ein Kunstma-
cher der Frau Dora, entschloss sich nach einer längeren Unterre-
30 dung, die von ihm nicht durchaus mit Geschmack, von Dora nicht
ohne Würde geführt wurde, während ich mich ziemlich schwei-
gend verhielt, zu einer Spende von fünfhundert Gulden. Ich weiß
nicht, ob es gerade diese Summe war, die meinen Onkel für dies-

mal noch rettete, jedenfalls war die Katastrophe nun hinausge-
schoben."[1]
Die Parallelen zu „Fräulein Else" sind offenkundig. Schnitzler
bringt den frühen Tod der Tochter in direkte Verbindung mit der
5 Straftat des Vaters und deren Folgen.

Stefanie Bachrach

Nach dem Konkurs ihres Vaters, der 1912 bei Börsenspekulationen
sein gesamtes Vermögen verloren und daraufhin Selbstmord be-
gangen hat, gerät die Familie in finanzielle Not. Die Tochter erlebt
den Zusammenbruch als Stigma und, nach erfolglosen Versuchen,
10 ihr Leben zu meistern, bringt sie sich 1917 mit einer Überdosis Veronal und Morphium um.

Lili Schnitzler

Der Einfluss, den Schnitzlers
Tochter Lili auf die Gestaltung
der Else hat, ist eher ein indi-
15 rekter, obgleich auch sie später Selbstmord begeht. Nach
der Trennung von seiner Frau
Olga lebt Lili eine Zeit lang bei
ihrem Vater, zu dem sie eine
20 konfliktreiche, ambivalente
Beziehung hat. Schnitzler
selbst räumt ein, dass Lili und
Else sich in ihren Charakteren
sehr ähneln.

Lili Schnitzler

Else Singer und Mizzi Veith

25 Else Singer, eine Jugendfreundin Schnitzlers, stürzt sich nach einem Familienstreit aus dem Fenster, überlebt den Selbstmordver-
such allerdings schwer verletzt. Auch Mizzi Veiths Geschichte

---

[1] zitiert nach Polt-Heinzl (2002), S. 43

weist besondere Ähnlichkeit mit dem Schicksal Elses auf. Der Prozess um den Selbstmord der jungen Frau erregt großes mediales Echo. Nachdem sie von ihrem Vater zur Prostitution gezwungen worden ist, sieht sie keinen anderen Ausweg, als sich das Leben zu
5 nehmen.

In Ergänzung zu diesen realen Schicksalen junger jüdischer Frauen aus Schnitzlers unmittelbarer Umgebung lassen sich noch eine Reihe fiktionaler literarischer Vorbilder auffinden. Sie reichen von bekannten Erzählungen aus dem Repertoire der französischen No-
10 vellistik (hier insbesondere Erzählungen von Guy de Maupassant) bis zu Opernlibretti berühmter Komponisten (z. B. La Traviata von Guiseppe Verdi).

Schnitzlers intensive Beschäftigung mit dem Stoff der Novelle lässt sich auch an weiteren Skizzen und Entwürfen belegen, die
15 sich in seinem Nachlass unter dem Titel „Jüdische Familie" finden:[1]

Arthur Schnitzler (aus dem Nachlass): Jüdische Familie

Der alte Schwarz ist wieder in Schwulitäten, und die Gefahr besteht, daß man ihn wegen betrügerischer Krida[2] einsperrt. Es handelt sich im Ganzen um zweitausend Gulden. Er wendet sich vor allem wieder an den Schwager Bauer, einen Börseaner großen
20 Stils, der ihm schon einige Male ausgeholfen hat, selbst wenn es ihm minder gut ging, in Laune, wenn er gerade der Schwägerin den Hof gemacht hat. Diesmal, zwar sehr in der Höhe, weigert er sich. Man sagt ihm: Die Schande über die Familie! Was heißt Familie? Ich heiß' Bauer, er heißt Schwarz. Übrigens, was ist denn mit die
25 Kinder? Lola ist Buchhalterin in einem großen Modegeschäft seit vier Jahren. Man weiß, sie hat sich Geld erspart; sie soll's hergeben. „An dem Mädl traut's Ihr Euch nicht heran ... warum?" Die Schwägerin ist diejenige, welche heute bitten gegangen ist. Sie kommt nach Hause, der Vater sehr verzweifelt, doch frech; aber vor
30 seiner Frau ganz klein. Sie beschimpft ihn. Sie entschließt sich, dem Mädel, wenn sie zu Tisch nach Haus kommt, zu sagen, wie die Dinge stehen. Allerdings wird die Sache dadurch kompliziert,

---

[1] zitiert nach: Evelyne Polt-Heinzl (2002), S. 48 ff.
[2] (österr.) Konkursvergehen

daß man ihr vor sieben Jahren ihr erspartes Taschengeld genommen. Der Vater sagt: „Kleinigkeit! Mein Ehrenwort: morgen, in
zehn Tagen hast du das Geld." Nein! Jetzt erst, wie sie sich immer
weiter weigert, rückt man mit der Wahrheit heraus: „Kurz und gut,
5 wenn nicht, werd' ich eingesperrt – Kriminal." „Von mir aus!",
„Und die Partie von deiner Schwester geht zurück." (Sie ist mit einem kleinen Geschäftsmann verlobt). Und der Antisemitismus!
Bei der heutigen Zeit! – Lola bleibt hartnäckig. Die Dinge entwi-
ckeln sich weiter, der Vater wird eingesperrt. Es kommt zur Verhaf-
10 tung (Fluchtversuch?).
Lola ist in Kondition mit 150 Gulden Gehalt bei einer alten Wiener
Firma, Hubinger & Alter, Hubinger hält sie, während der andere,
ein Antisemit von der schärfsten Couleur, sie schon lange draußen
haben möchte. Lola aber hat ein Verhältnis(?) mit dem jungen
15 Hubinger. Beide sind darüber einig, daß sie miteinander bald Wien
verlassen werden. Das ist der hauptsächliche Grund, aus dem Lola
das Geld erspart hat. Sie will ihm eine Mitgift zubringen. Verliebt
ist sie in ihn, weil er hübsch ist und naiv gut ist; er repräsentiert für
sie alles, wonach sie sich sehnt (christliches Element).
20 Wie die Nachricht von der Verhaftung kommt, wird sie entlassen.
Sie ist fassungslos. Wer kümmert sich um meinen Namen? Wer
weiß, daß ich die Tochter von diesem Herrn Schwarz bin?
Das Ganze ist tatsächlich eine Intrige von Alter, der bei dieser
Gelegenheit ein von ihm protegiertes Mädl (seine Geliebte, viel-
25 leicht die Tochter seiner früheren Geliebten?) hineinbringen will,
Hubinger, schwach wie immer, gibt nach. „Von mir aus, Fräulein
…" usw. „Aber was soll man tun, – ein altes Wiener Geschäft." Aber
Lola faßt sich bald. Der junge Hubinger kommt, sie sagt ihm: „Ich
bin gekündigt, solang, bis sich was Neues findet, hält mein Geld
30 schon aus". Aber Hubinger sagt sich von ihr los. Er weint sogar, ist
ganz gutmütig, er traut sich halt nicht.
Lola nach Hause. Es fehlt an allem, wenn auch die Schwester der
Frau Schwarz manchmal etwas bringt. Man weiß schon, daß Lola
entlassen ist. „Hast du das notwendig gehabt? Hättest du deinem
35 Vater herübergeholfen über dem Ärgsten, so wär' alles gut." Wut
der Mutter, daß sie zuhaus sitzen muß, weil man sich geniert, sie
einzuladen. „Was wirst du tun?" „Ich geh' nach Linz (oder anders-

wohin), mir ein Geschäft einrichten." (Sie erwartet den jungen Hubinger, aber er kommt nicht).

Der alte Schwarz wird aus dem Kerker entlassen, nachdem er sechs Monate gesessen. Am selben Tag macht er einen großen
5 Börsengewinnst (oder besser: er hat ihn schon früher gemacht und kassiert ihn erst jetzt ein). Er hat von diesem Gewinnst (besser Los) erfahren, knapp bevor er verhaftet wurde. Einer Verurteilung konnte er nicht mehr entgehen, so will er vor allem das Geld in Sicherheit bringen, damit die Gläubiger nichts erfahren. Sein Plan
10 ist: sobald er aus dem Kerker entlassen, mit dem Geld irgend ein Geschäft anzufangen. Eventuell will er die Tochter seinem Kompagnon, mit dem zusammen er das Los gekauft hat, anhängen.
Oder besser: Er „verstößt" die Tochter, die wieder zuhause ist.
Nein: Er spielt sich, wie er wieder zuhause ist, auf den hinaus, der
15 die Tochter hinausgeschmissen hat. „Ein elendes Weib!"
Besser noch: Der mit dem Geld geht ihm durch. Er hat sich im Kerker die ganze Zeit auf diese Genugtuung gefreut, glaubt sich gerettet, benimmt sich zuhause dementsprechend frech. Jetzt kommt sein Kompagnon und sagt ihm: „Ich hab nichts – schlag'
20 mich tot: Ich hab' doch nichts mehr."
Die Tochter, im Glauben, daß der Vater im Elend, hat Geld gebracht?
Als Wesentliches wäre herauszubringen: Das Mädchen, den immer vorgepredigt wurde: Familiengefühle und Solidarität usw., die
25 endlich sagt: gehör' nicht zu euch, sich frei macht, sich frei zu machen sucht, und doch endlich an der Jämmerlichkeit ihrer Familie beinahe gänzlich zugrunde geht.

Varianten

Der Vater bekommt irgendwoher noch zur rechten Zeit Geld, er steht wieder groß da. Jetzt erst geht die Tochter.
30 Oder: Er kommt gerade so arm aus dem Kerker, als er gewesen ist. „Wo ist die Tochter? Zwingen werd' ich sie!" Der Bruder holt sie zurück, der immer der brave Sohn war und lieber sein Letztes hergibt.
Klarheit! Um was handelt es sich eigentlich? Ein junges Mädchen, in einer minderen jüdischen Familie geboren und aufgezogen, mit

offenem Aug das Widerliche dieser Zustände erkennend, soll in
der bekannten mißverständlichen Auffassung des Familiengefühls
bei einer drohenden Katastrophe zur Aushilfe, ja zur Rettung he-
rangezogen werden. Sie aber läßt dem Vater ruhig einsperren; er
5 ist ihr total gleichgiltig. Insbesondere aber braucht sie das Geld, da
sie die Absicht hat, eventuell die Notwendigkeit für sie vorliegt,
sich selbständig zu machen.

Ins Tragische gewendet. Sie entfernt sich von ihrer Familie, findet
aber dort, wo sie sein möchte, auch keinen Halt. Ihr Liebhaber
10 verläßt sie, sie wird aus antisemitischen Gründen aus ihrer bishe-
rigen Stellung entfernt.

Richtiger, dem niedern Milieu entsprechend, ins Lustspiel, Komö-
dienhafte.

Als Gegenspieler wären einige Antisemiten zu bringen. Die Haupt-
15 szene müßte sein: Ich gehöre nicht zu euch!

Besser wäre, wenn sie aus dem Geschäft entfernt würde, bevor sie
mit der Familie bricht, so daß es nicht den Anschein hat, als könnte sie sich auf ihre Stellung stützen.

Das Stück wäre folgendermaßen zu bauen: Lola verläßt das väter-
20 liche Haus in Ekel und sagt sich los. Man läßt sie gerne gehen.

Dann, wie sie Geld hat, der Vater verhaftet werden soll, kommt
man zu ihr. Familie – du wirst uns nicht im Stich lassen – gehörst
zu uns.

Was hab' ich mit euch zu schaffen?
25 [...]

A. S.: Entworfenes und Verworfenes. Aus dem Nachlaß. Hrsg. von Reinhard Urbach.
Frankfurt a. M.: S. Fischer 1977 (Gesammelte Werke) S. 182–185

Wirkungsgeschichte

„Fräulein Else" ist Schnitzlers zweite Monolognovelle. Sie erschien zu-
nächst in der Zeitung „Neue Rundschau" und 1924 im Zsolnay Verlag
als Buch und war ein großer Erfolg. 24 Jahre zuvor hatte er mit seiner
ersten Monolognovelle „Lieutenant Gustl" eher negatives Aufsehen er-
regt. Die Veröffentlichung dieses Textes (1900), dessen Handlung im
Milieu des k. u. k. Militärs spielt, hatte für Schnitzler sogar beträchtli-
che persönliche Folgen: Man erkannte ihm seinen Offizierungsrang ab
und degradierte ihn militärisch. Verleumdungen und Ressentiments
waren dem Autor auch schon als Reaktion auf seine frühen Dramen,
vor allem auf das 1896/97 erschienene Werk „Reigen", entgegenge-
schlagen. Ein großer Teil der damaligen Leserschaft lehnte Schnitzler
als unsittlich und „jüdisch entartet" ab. Antisemitische Hetze gegen
den Autor drückte sich auch in bösartigen Karikaturen aus, in denen er
dem Klischee des Juden folgend mit Spitzbart, überzeichneter Nase
und schwarzem Mantel dargestellt wurde.

„Fräulein Else" in der zeitgenössischen Rezeption

24 Jahre nach Erscheinen der Novelle „Lieutenant Gustl" griff
Schnitzler auf die avantgardistische Form des inneren Monologs
zurück. Der Text fand in den literarischen Kreisen und beim zeitge-
nössischen Publikum eine überaus positive Resonanz und auch
der Autor selbst hielt sein Werk für besonders gelungen. Er notierte
in seinem Tagebuch, Else mache überall „stärkste Wirkung", und
seine literarischen Freunde stimmten ihm zu. Der bekannte Schriftsteller Hugo von Hofmannsthal stellte „Fräulein Else" noch über
5 „Lieutenant Gustl": „Ja, so gut Leutnant Gustl erzählt ist, ‚Fräulein
Else' schlägt ihn freilich noch."[1]

---

[1] E. Polt-Heinzl (2002), S. 54 f.

Albert Bassermann und Elisabeth Berger in *Fräulein Else*; Foto: 1929

Einen Eindruck der geradezu enthusiastischen Aufnahme des Werkes vermittelt folgender Auszug aus der Besprechung von Schnitzlers Freund und Kollegen Felix Salten in der „Neue[n] freie[n] Presse" vom 23. November 1924:

5 „Atemlos fieberhaft saust das Tempo der neuen Novelle von Schnitzler. Während man sie liest, wird man gleich zu Anfang in fieberhafte Spannung entzündet, wird bis ans Ende in atemloser Teilnahme mitgerissen. [...] Selten ist eine Frauenseele in ihren geheimsten Regungen so durchleuchtet worden und so rein gewesen
10 wie diese: so ganz noch Kind, so sehr noch Jungfrau, so ahnungsvoll schon Weib, so erfüllt von Güte, so durchblitzt von Messerschärfe des Verstandes, so gelind an Zärtlichkeit und so sanft in der Verzweiflung. Dieses Buch, das der Paul Zsolnay Verlag jetzt eben herausgibt, wird binnen Kurzem von vielen Tausenden, Frau-
15 en wie Männern, gelesen und geliebt sein."[1]

Entscheidend für die Wirkungsgeschichte von „Fräulein Else" ist der Wechsel zu anderen medialen Repräsentationsformen. 1929 entsteht Paul Szinners Stummfilm „Fräulein Else" mit der damals berühmten Schauspielerin Elisabeth Bergner in der Titelrolle.[2]

---

[1] E. Polt-Heinzl (2002), S. 54 f.
[2] E. Polt-Heinzl (2002), S. 65

Obwohl Schnitzler mit der szenischen Umsetzung und der eigen-
willigen Veränderung des Novellenschlusses durch den Regisseur
– er lässt Else schon vor der Exhibition im Musiksaal das tödliche
Veronal trinken – nicht einverstanden ist, lobt er die schauspieleri-
5 sche Leistung der Bergner sehr. Er notiert in seinem Tagebuch[1]:
„Die Bergner außerordentlich; ebenso Steinrück; gut aber sehr
Theater Bassermann. Im Anfang manches gute; der Schluss über-
hetzt und albern" (Tagebuch 1927–1930, S. 232). Auch in einem
Brief an Clara Pollaczek vom 15. März beschreibt er seine ersten,
10 eher skeptischen Eindrücke:
„[...] Der Anfang nicht übel; das letzte Viertel dumm und schlecht.
Ich begreife jetzt warum man mir das ‚Buch‘ nicht schickte. Der
Einfall, gegen den ich mich bei unserm ersten Gespräch (Czinner
Mayer) gewendet hatte: dass Else ‚Veronal‘ nimmt, ehe sie unbe-
15 kleidet unter dem Mantel in die Halle geht – blieb bestehn; – Czinner war zu überheblich und talentlos, um davon abzugehn; – und
da wurde nicht nur ein completter Unsinn daraus sondern viele
Möglichkeiten für Elisabeth gingen verloren. Die Episode Vater
nimmt viel zu viel Raum ein; – und man weiss weder was aus ihm
20 noch aus Dorsday am Ende wird. Bassermann sehr gut aber sehr
Theater; – unvergleichlich Steinrück als Dorsday (besser als von
mir.) – Die Episode Paul – Cissy ist überhaupt nicht vorhanden. Die
Wohnung des Dr. Thalhof (so heißt nämlich im Film Elsens Vater)
lächerlicher Kinoluxus. St. Moritzer Landschaft und winterlicher
Sport ist nicht umzubringen. – Die Leistung von Elisabeth wundervoll – nur ist es (durch den Filmtext) – eine ganz andre Else als ich
25 gedichtet hatte. –
[...]"
Briefe 1913–1931, S. 597

Der Film und weitere dramatische Fassungen des Werks offenba-
ren allerdings eine grundsätzliche Schwierigkeit: Wie soll sich eine
Monologerzählung in das dramatische Genre umsetzen lassen?
Verglichen mit dem Basistext können szenische Umsetzungen das
5 Werk nur verflachen bzw. zur Gesellschaftssatire verzerren.

---

[1] E. Polt-Heinzl (2002), S. 65 f.

Auch spätere Verfilmungen, die in den 70er- (mit Curd Jürgens als Dorsday, Regie Ernst Häussermann) und 80er-Jahren (mit Edith Clever als Else, Regie Hans Jürgen Syberberg), versuchten unterschiedliche Zugänge, konnten das grundsätzliche Dilemma aber
5   nicht lösen.

Die neueste Verfilmung entstand 2014 unter der Regie der jungen Österreicherin Anna Martinetz. Sie erhielt für ihren Film 2015 den Preis der deutschen Filmkritik in der Kategorie „Debutfilm". Auch gegen diese aktualisierte Version gibt es grundsätzliche Einwände:
10 Der Film, so ein Kritiker, zeige eine zu sanfte Version der Else. Er nehme dem Charakter alles Zwiespältige, unterschlage die dunklen Seiten der Figur, das Psychisch-Labile, die Eigenwilligkeit, kurz Elses Hysterie.[1]

Filmplakat zu „Fräulein Else", 2014

---

[1] vgl. Kritik in ZEIT online von Kasper Heinrich, 19.5.2014

6. Schnitzler, Freud und die Psychoanalyse

Arthur Schnitzler (1862–1931) und Sigmund Freud (1856–1939) hatten, obwohl beide zur selben Zeit in Wien lebten, keinen unmittelbar persönlichen Kontakt, vonseiten Freuds aus einer Art „Doppelgängerscheu" (vgl. Freuds Brief an Schnitzler zu dessen 60. Geburtstag), denn Schnitzler bearbeitete in seinen dichterischen Werken ähnliche Themen wie Freud in seinen wissenschaftlichen.

In seinen jungen Jahren als Arzt zeigte Schnitzler bereits Interesse an Freuds Forschungen und er beschäftige sich auch später intensiv mit dessen Werken. In der vorliegenden Novelle verweist Schnitzler mit der Nennung eines Dr. Zigmondi (vgl. S. 65) auf den Begründer der Psychoanalyse. Umgekehrt nahm Freud die Werke Schnitzlers mit Bewunderung für dessen tiefenpsychologische Einsichten und ihre dichterische Gestaltung zur Kenntnis. Gemeinsame Interessenschwerpunkte waren nicht nur das Unbewusste und die Triebnatur des Menschen im Allgemeinen (vgl. Freuds Brief an Schnitzler zu dessen 60. Geburtstag), sondern auch der Traum und sein psychoanalytisches Deutungspotenzial oder das Phänomen der Hysterie.

Beider Interesse wurzelte in der für den Beginn des 20. Jahrhunderts charakteristischen „Wendung nach innen", einer Wahrnehmungsper-

Sigmund Freud

Arthur Schnitzler

spektive, die zum Tabubruch (Vorwurf der Unsittlichkeit) und damit zu Konflikten mit gesellschaftlichen Normen führte.

Schnitzlers Novelle „Fräulein Else" (1924) ist wie auch zuvor schon die Novelle „Lieutenant Gustl" (1900) Ausdruck dieser veränderten Wahrnehmungsperspektive. Denn die Form des inneren Monologs ermöglicht einen unmittelbar auf die Innenwelt des jeweiligen Protagonisten gerichteten Erzählfokus und bringt Bewusstseinsvorgänge ohne Brechung durch eine Erzählerinstanz direkt zur Sprache. Schnitzler rückt mit dieser Methode im literarischen Bereich in die Nähe des psychoanalytischen Gesprächs, mit dem Sigmund Freud zur gleichen Zeit wissenschaftlich experimentierte.

Michaela L. Perlmann: Schnitzler und Sigmund Freud

Für Schnitzlers Werk ist seine naturwissenschaftliche Schulung, die ihm „den Blick geschärft und die Anschauung geklärt hatte", von ebenso entscheidender Bedeutung wie seine praktischen Erfahrungen als Arzt. Immerhin glaubte er selbst, dass die neben dem litera-
5 rischen Talent „zweifellos gleichfalls vorhandenen ärztlichen Elemente" seiner Natur „umso entschiedener" zur Entwicklung kommen würden, je mehr er sich von den Verpflichtungen des Arztberufs befreit hätte (JiW 92). Das Interesse für psychisch verursachte Erkrankungen und neue psychotherapeutische Heilmethoden teilte
10 er mit seinem Zeitgenossen, Sigmund Freud, der seinerseits zunächst auch keine besondere Vorliebe für die Stellung und Tätigkeit des Arztes verspürt hatte, sondern sich ebenfalls von Kunst und Literatur angezogen fühlte. Beiden gemeinsam war nicht nur derselbe soziale, kulturelle und konfessionelle Hintergrund, sie durch-
15 liefen auch im Abstand von sechs Jahren dieselbe Ausbildung bei denselben Professoren. In der Tradition der Helmholtzschule sahen diese Lehrer keine anderen Kräfte im Organismus wirksam als physikalisch-chemische. So entwickelten beide bereits als Studenten dieselbe Skepsis gegenüber der modernen Laboratoriumsmedi-
20 zin und gegenüber der Gleichgültigkeit, mit der die ausbildenden Therapeuten ihre Patienten behandelten (Sigmund Freud, Sein Leben in Bildern und Texten, Ernst Freud u. a. [Hg.], Frankfurt 1976, S. 86 ff.). Als Freud auf der Suche nach Neuansätzen die „Leçons

sur les maladies du système nerveux, faites à la Salpétrière" des Franzosen Jean-Martin Charcot ins Deutsche übersetzte (1886), war es der Redakteur Arthur Schnitzler, der diese Ausgabe lobend im ersten Jahrgang der „Internationalen Klinischen Rundschau" be-
5 sprach. Derselbe Vorgang wiederholte sich 1889, als Freud Hippolyte Bernheims Schrift „De la suggestion et de ses applications à la thérapeutique" übersetzte. Den Ergebnissen eigener Hypnoseversuche, bei denen weniger wissenschaftliches Interesse als schlichte Neugierde und die Unterhaltung der geladenen Freunde im Vorder-
10 grund standen, widmete Schnitzler den Aufsatz „Über funktionelle Aphonie und deren Behandlung durch Hypnose und Suggestion" (1889). Während er Anfang der 90er-Jahre die Konsequenz aus seinem mangelnden wissenschaftlichen Engagement zog und der Medizin den Rücken kehrte, versuchte Freud, die Medizin durch das
15 Einbeziehen einer verstehenden, hermeneutischen Sehweise von innen heraus zu reformieren. Trotz mancher Übereinstimmungen in ihren Interessen und Erkenntnissen blieben die Versuche einer persönlichen Kontaktaufnahme sporadisch. Auf beiden Seiten blieb die Einsicht in die Differenz der gewählten Methode ausschlagge-
20 bend. Schnitzler behielt trotz kontinuierlicher Auseinandersetzung mit der Psychoanalyse viele Vorbehalte gegen deren Theoriebildung, Freud dagegen sah in der Dichtung bei aller Hochachtung keine Alternative zur Forschungsarbeit.

Aus: Michaela L. Perlmann: Schnitzler und Sigmund Freud. In: dies.: Arthur Schnitzler. Stuttgart, Weimar: J. B. Metzler 2004, S. 21f.

Sigmund Freud: Briefe an Arthur Schnitzler[1]

8. Mai 1906   Wien IX, Berggasse 19

Verehrter Herr Doktor
Seit vielen Jahren bin ich mir der weitreichenden Übereinstimmung bewusst, die zwischen Ihren und meinen Auffassungen mancher psychologischer und erotischer Probleme besteht, und
5 kürzlich habe ich ja den Mut gefunden, eine solche ausdrücklich

---

[1] G. Wunberg (Hrsg.), 2002, S. 651–653

hervorzuheben (Bruchstück einer Hysterieanalyse, 1905). Ich habe mich oft verwundert gefragt, woher Sie diese oder jene geheime Kenntnis nehmen konnten, die ich mir durch mühselige Erforschung des Objektes erworben, und endlich kam ich dazu, den
5 Dichter zu beneiden, den ich sonst bewundert.

Nun mögen Sie erraten, wie sehr mich die Zeilen erfreut und erhoben, in denen Sie mir sagen, dass auch Sie aus meinen Schriften Anregung geschöpft haben. Es kränkt mich fast, dass ich fünfzig Jahre alt werden musste, um etwas so Ehrenvolles zu erfahren.
10 Ihr in Verehrung ergebener
Dr. Freud

Aus: Sigmund Freud: Briefe. 1873–1939. Ausgewählt und herausgegeben von Ernst und Lucie Freud. 3., korrigierte Auflage. Frankfurt/M.: S. Fischer Verlag 1980

14. Mai 1922   Wien IX, Berggasse 19

Verehrter Herr Doktor

Nun sind Sie auch beim sechzigsten Jahrestag angekommen, während ich, um sechs Jahre älter, der Lebensgrenze nahe gerückt bin und erwarten darf, bald das Ende vom fünften Akt dieser ziemlich unverständlichen und nicht immer amüsanten Komödie zu sehen.
5 Wenn ich noch einen Rest von Glauben an die „Allmacht der Gedanken" bewahrt hätte, würde ich jetzt nicht versäumen, Ihnen die stärksten und herzlichsten Glückwünsche für die zu erwartende Folge von Jahren zuzuschicken. Ich überlasse dies törichte Tun der unübersehbaren Schar von Zeitgenossen, die am 15. Mai Ihrer ge-
10 denken werden.

Ich will Ihnen aber ein Geständnis ablegen, welches Sie gütigst aus Rücksicht für mich für sich behalten [und] mit keinem Freunde oder Fremden teilen wollen. Ich habe mich mit der Frage gequält, warum ich eigentlich in all diesen Jahren nie den Versuch gemacht
15 habe, Ihren Verkehr aufzusuchen und ein Gespräch mit Ihnen zu führen (wobei natürlich nicht in Betracht gezogen wird, ob Sie selbst eine solche Annäherung von mir gerne gesehen hätten). Die Antwort auf diese Frage enthält das mir zu intim erscheinende Geständnis. Ich meine, ich habe Sie gemieden aus einer Art von Dop-

pelgängerscheu. Nicht etwa, dass ich sonst so leicht geneigt wäre, mich mit einem anderen zu identifizieren, oder dass ich mich über die Differenz der Begabung hinwegsetzen wollte, die mich von Ihnen trennt, sondern ich habe immer wieder, wenn ich mich in Ihre
5 schönen Schöpfungen vertiefe, hinter deren poetischem Schein die nämlichen Voraussetzungen, Interessen und Ergebnisse zu finden geglaubt, die mir als die eigenen bekannt waren. Ihr Determinismus wie Ihre Skepsis – was die Leute Pessimismus heißen –, Ihr Ergriffensein von den Wahrheiten des Unbewussten, von der
10 Triebnatur des Menschen, Ihre Zersetzung der kulturell-konventionellen Sicherheiten, das Haften Ihrer Gedanken an der Polarität von Lieben und Sterben, das alles berührte mich mit einer unheimlichen Vertrautheit. (In einer kleinen Schrift vom Jahr 1920, „Jenseits des Lustprinzips?", habe ich versucht, den Eros und den To-
15 destrieb als die Urkräfte aufzuzeigen, deren Gegenspiel alle Rätsel des Lebens beherrscht.) So habe ich den Eindruck gewonnen, dass Sie durch Intuition – eigentlich aber infolge feiner Selbstwahrnehmung – alles das wissen, was ich in mühseliger Arbeit an anderen Menschen aufgedeckt habe. Ja, ich glaube, im Grunde Ihres We-
20 sens sind Sie ein psychologischer Tiefenforscher, so ehrlich unparteiisch und unerschrocken wie nur je einer war, und wenn Sie das nicht wären, hätten Ihre künstlerischen Fähigkeiten, Ihre Sprachkunst und Gestaltungskraft freies Spiel gehabt und Sie zu einem Dichter weit mehr nach dem Wunsch der Menge gemacht. Mir
25 liegt es nahe, dem Forscher den Vorzug zu geben. Aber verzeihen Sie, dass ich in die Analyse geraten bin, ich kann eben nichts anderes. Nur weiß ich, dass die Analyse kein Mittel ist, sich beliebt zu machen.
In herzlichster Ergebenheit
30 Ihr Freud

Sigmund Freud: Der Traum als Wunscherfüllung

Es ist leicht zu zeigen, dass die Träume häufig den Charakter der Wunscherfüllung unverhüllt erkennen lassen, sodass man sich wundern mag, warum die Sprache der Träume nicht schon längst ein Verständnis gefunden hat. Da ist z. B. ein Traum, den ich mir

beliebig oft, gleichsam experimentell erzeugen kann. Wenn ich am
Abend Sardellen, Oliven oder sonst stark gesalzene Speisen nehme, bekomme ich in der Nacht Durst, der mich weckt. Dem Erwachen geht aber ein Traum voraus, der jedes Mal den gleichen Inhalt
5 hat, nämlich dass ich trinke. Ich schlürfe Wasser in vollen Zügen,
es schmeckt mir so köstlich, wie nur ein kühler Trunk schmecken
kann, wenn man verschmachtet ist, und dann erwache ich und
muss wirklich trinken. Der Anlass dieses einfachen Traumes ist der
Durst, den ich ja beim Erwachen verspüre. Aus dieser Empfindung
10 geht der Wunsch hervor zu trinken, und diesen Wunsch zeigt mir
der Traum erfüllt. Er dient dabei einer Funktion, die ich bald errate.
Ich bin ein guter Schläfer, nicht gewöhnt, durch ein Bedürfnis ge-
weckt zu werden. Wenn es mir gelingt, mein Bedürfnis durch den
Traum, dass ich trinke, zu beschwichtigen, so brauche ich nicht
15 aufzuwachen, um ihn zu befriedigen. Es ist also ein Bequemlich-
keitstraum. Das Träumen setzt sich an die Stelle des Handels wie
auch sonst im Leben.[1]
[...] auch die Träume mit peinlichem Inhalt [sind] als Wunscherfül-
lungen aufzulösen [...]. Es wird auch niemand eine Äußerung des
20 Zufalls darin erblicken, dass man bei der Deutung dieser Träume
jedesmal auf Themata gerät, von denen man nicht gerne spricht
oder an die man nicht gerne denkt. Das peinliche Gefühl, welches
solche Träume erwecken, ist wohl einfach identisch mit dem Widerwillen, der uns von der Behandlung oder Erwägung solcher
25 Themata – meist mit Erfolg – abhalten möchte, und welcher von
jedem von uns überwunden werden muss, wenn wir uns genötigt
sehen, es doch in Angriff zu nehmen. Dieses im Traum also wiederkehrende Unlustgefühl schließt aber das Bestehen eines Wunsches nicht aus; es gibt bei jedem Menschen Wünsche, die er an-
30 deren Menschen nicht mitteilen möchte, und Wünsche, die er sich
selbst nicht eingestehen will. Andererseits fühlen wir uns berech-
tigt, den Unlustcharakter all dieser Träume mit der Tatsache der
Traumentstellung in Zusammenhang zu bringen und zu schließen,
diese Träume seien gerade darum so entstellt und die Wunscher-
35 füllung in ihnen bis zu Unkenntlichkeit verkleidet, weil ein Wider-

---

[1] S. Freud 1968, S. 128/29

willen, eine Verdrängungsabsicht gegen das Thema des Traumes oder gegen den aus ihm geschöpften Wunsch besteht. Die Traumentstellung erweist sich also tatsächlich als ein Akt der Zensur. Allem, was die Analyse der Unlustträume zutage gefördert hat, tragen wir aber Rechnung, wenn wir unsere Formel, die das Wesen des Traumes ausdrücken soll, in folgender Art verändern: Der Traum ist die (verkleidete) Erfüllung eines (unterdrückten, verdrängten) Wunsches.[1]

Volker Faust: Das Leidensbild der Hysterie

Hauptmerkmal einer hysterischen [...] Persönlichkeitsstörung ist eine tiefgreifende und übertriebene Emotionalität (Gemütseinstellung) und ein übermäßiges Streben nach Aufmerksamkeit. Die Betroffenen fühlen sich rasch nicht gebührend beachtet oder gar unwohl, wenn sie nicht im Mittelpunkt der Aufmerksamkeit stehen. Im Einzelnen in Stichworten:

– Neigung zu dramatischen Auftritten, um die Aufmerksamkeit auf sich zu ziehen; bezaubern anfangs durch ihren Enthusiasmus (Begeisterungsfähigkeit bis zur Schwärmerei), durch ihre scheinbare Offenheit und vor allem Koketterie (eitel, selbstgefällig, Gefallsucht, auf Aufmerksamkeit aus); schlüpfen gerne in die Rolle einer „Stimmungskanone". Wenn sie die Aufmerksamkeit zu verlieren drohen, können sie Zuflucht zu dramatischen Reaktionen nehmen: Geschichten erfinden, eine Szene machen. [...]

– Auftreten und Verhalten sind in sexueller Hinsicht oft unangepasst bis provozierend oder gar verführerisch. Dies betrifft nicht nur Personen, an denen die Betroffenen ein sexuelles oder zumindest gefühlsmäßiges Interesse haben, sondern auch andere zwischenmenschliche, soziale oder berufliche Beziehungen. Dabei fallen nicht nur die Unangemessenheit dieses Verhaltens, sondern auch die oberflächliche und rasch wechselnde Gemütseinstellung auf.

– Zur Aufmerksamkeits-Zentrierung auf die eigene Person wird konsequent die eigene Erscheinung eingesetzt, d. h., man ver-

---

[1] Ebd., S. 165/66

sucht, unaufhaltsam durch entsprechendes Auftreten zu beein-
drucken. Das kostet viel Zeit, Geld und Energie für Kleidung,
Körperpflege, Schmuck und exquisite Besonderheiten. [...]
– Der Sprachstil ist übertrieben ausdrucksreich bis „blumig", aber
5 wenig detailliert. Alles bleibt irgendwie vage, diffus, nicht beweis-
bar (im Guten wie im Schlechten), ohne Sorgfalt, Tiefgang, vor
allem schnell variierbar, austauschbar.
– Charakteristisch ist eine Neigung zur Dramatisierung, zu theat-
ralischem Auftreten und übertriebenem Gefühlsausdruck. [...]
10 Hohe Suggestibilität (Beeinflussbarkeit), d. h., Standpunkte und
Gefühle können leicht von anderen oder auch nur von Modeer-
scheinungen beeinflusst werden. Das ist auf der einen Seite eine
übertriebene Vertrauensseligkeit, besonders gegenüber wichti-
gen Persönlichkeiten, Autoritäten [...], auf der anderen Seite eine
15 rasche und vor allem kränkende Abwertung, wenn die überzoge-
nen Ansprüche nicht erfüllt werden können.

Hysterische Menschen sehen ihre zwischenmenschlichen Beziehungen persönlicher und gemütsintensiver (bis zur „Gefühlsduse-
lei") und flüchten, wenn sie sich enttäuscht sehen, in romantische
20 Fantasien oder abrupte (plötzliche und unvorhersehbare) Reaktionen.

URL: www.psychosoziale-gesundheit.net/psychiatrie/hysterie.htm (Aufruf: 10.7.2016)

Barbara Neymeyr: Der innere Monolog

Schnitzlers Monolognovelle *Fräulein Else* (1924) wurde rasch zu einem internationalen Publikumserfolg.
Diese Resonanz verdankt die Novelle nicht zuletzt der besonderen
25 Gestaltungsweise, die Schnitzler zuvor bereits in *Lieutenant Gustl*
erprobte: dem inneren Monolog, einer Erzählstrategie, durch die
das ganze Spektrum der psychischen Vorgänge in einer Figur intensiv zum Ausdruck gebracht werden kann, spontane Assoziatio-
nen und intuitive Reaktionen ebenso wie heftige Affekte, unkon-
trollierte Impulse, disparate Gedankensplitter und heimliche Stra-
tegien.

Für dieses avantgardistische personale Erzählverfahren gab es in Édouard Dujardins Roman *Les lauriers sont coupés* (1888) bereits ein französisches Vorbild; an ihm orientierte sich Arthur Schnitzler, als er den inneren Monolog im Jahr 1900 mit *Lieutenant Gustl* in die
5 deutschsprachige Literatur einführte. Indem er sich in seinen beiden Monolognovellen auf Momentaufnahmen seelischer Prozesse konzentriert, noch bevor sie der Zensur eines von gesellschaftlichen Normen geprägten Bewusstseins unterliegen, verwirklicht er zeitgenössische Literaturkonzepte. Hermann Bahr etwa propagier-
10 te die „Überwindung des Naturalismus" und verlangte eine „neue Psychologie"[1], die anstelle der akribischen Schilderung äußerer Verhältnisse Innenräume ausleuchtet: das komplexe Seelenleben des Menschen in seiner ganzen Vielfalt und Widersprüchlichkeit. Hierfür gelte es, die „ersten Elemente" psychischer Prozesse auf-
15 zuspüren, „die Anfänge in den Finsternissen der Seele"[2].
Der von Schnitzler gewählte innere Monolog entspricht dieser Programmatik in besonderem Maße, weil er auch halbbewusste Impulse und Emotionen zum Ausdruck bringen kann. Dabei erweist sich die vermeintliche Anarchie einer krisenhaften Psychodynamik,
20 die sich dem Leser enthüllt, letztlich als Ergebnis einer vom Autor genau kalkulierten Erzählstrategie. Auf diese Weise wird der innere Monolog zum idealen Medium für die literarische Gestaltung eines Seelendramas. Zugleich trägt er einem Epochenphänomen Rechnung: dem sogenannten ‚impressionistischen Menschentyp',
25 der ganz in seinen momentanen Eindrücken aufgeht.

Aus: Barbara Neymeyr: *Fräulein Else*. Identitätssuche im Spannungsfeld von Konvention und Rebellion. In: Interpretationen. Arthur Schnitzler: Dramen und Erzählungen. Hrsg. von Hee-Ju Kim und Günter Saße. Stuttgart: Reclam 2007, S. 190–208

---

[1] Hermann Bahr: „Die Überwindung des Naturalismus" [1891], in: H. B.: Zur Überwindung des Naturalismus. Theoretische Schriften 1887–1904, hrsg. von Gotthart Wunberg, Stuttgart 1968, S. 33–102, hier S. 53
[2] Ebd., S. 57

7. Erzähltheoretische Aspekte und methodische Hinweise

Margret Behringer/Renate Gross: Zur Analyse erzählender Texte

In erzählenden Texten erfährt der Leser/die Leserin von einem oder einer Reihe von *Ereignissen*, die von einer oder mehreren *Figuren* verursacht worden sind oder denen sie ausgesetzt sind. Diese Ereignisse finden an verschiedenen *Orten* statt und haben eine be-
5 stimmte *Zeitdauer*.

Mit diesen vier Elementen des Erzählens wird der Leser/die Leserin allerdings auf verschiedene Weise vertraut gemacht, d. h., jede Geschichte lässt sich auf ganz individuelle Weise erzählen. Einige Autoren haben das an Beispielen exemplarisch vorgeführt, das be-
10 rühmteste sind wohl die von dem französischen Schriftsteller Raymond Queneau verfassten „Exercices de style" (Stilübungen) (1947), in denen er eine banale Alltagsgeschichte in 99 verschiedenen Erzählvarianten vorführt. Je nach Art der Erzählung, der Länge, der Anordnung der Episoden, der Situation und Perspektive des
15 Erzählers, der Figurenrede, des Sprachstils etc. bekommt ein und dieselbe Geschichte einen ganz unterschiedlichen Sinn.

Das zeigt, wie wichtig es ist, sich bei der Analyse erzählender Texte mit der Art und Weise, dem *Wie der Darstellung*, zu beschäftigen.

Da es in der vorliegenden Textausgabe nicht möglich ist, die Er-
20 zähltheorie umfassend vorzustellen[1], soll der Fokus auf solche erzähltheoretischen Aspekte gerichtet werden, die für die Analyse der Novelle „Fräulein Else" besonders relevant sind.

• Unterschieden wird zwischen dem **Was der Erzählung** und dem **Wie der Darstellung**. Das heißt, es gibt einen grundsätzlichen
25 Unterschied zwischen der erzählten Welt (dem Dargestellten) ei-

---

[1] Interessierten sei die „Einführung in die Erzähltheorie" von Matias Martinez/Michael Scheffel empfohlen, die wir auch für obige Darstellung genutzt haben. In unserem Unterrichtsmodell zu „Fräulein Else" wird der Analyse der Erzählstruktur der Novelle ein Baustein mit konkreten Beispielen und praktischen Übungen zur Erzähltechnik gewidmet.

nerseits und dem Medium und den Erzählverfahren (der Darstellung) andererseits.

- Unterschieden wird weiterhin zwischen den beiden **Darstellungsformen** epischer Texte: dem **Erzählerbericht** und der **Figurenrede**.
5   Der **Erzählerbericht** enthält u. a. Beschreibungen und Charakterisierungen, die um Kommentare und Reflexionen des Erzählers erweitert werden können. Die **Figurenrede** präsentiert die Worte und Gedanken der Figuren. Wegen der Nähe der Figurenrede zum Drama wird sie auch **szenischer Dialog** genannt.

10 - Die Erzähltheorie[1] unterscheidet **drei Formen** der **Figurenrede**:
 – die **zitierte Figurenrede**, in der die Figuren „ungefiltert zu Wort" kommen, und den **zitierten Inneren Monolog**, in dem die Gedanken der Figur ohne narrative Ermittlung unmittelbar wiedergegeben werden (dramatischer Modus);
15 – die **erzählte Figurenrede**, die eine mehr oder weniger große Distanz zum Erzählten hält und in der der sprachliche Akt so weit gerafft werden kann, dass er nur noch erwähnt wird, ohne dass der Inhalt der Rede bzw. des Bewusstseins der Figur (Bewusstseinsbericht) wiedergegeben wird (narrativer Modus);
20 – die **transponierte**[2] **Figurenrede** (Mischform von narrativem und dramatischem Modus). Zu unterscheiden sind hier zwei Arten der Redewiedergabe: die **indirekte Rede**, die das Gesagte nicht wörtlich wiedergibt, und die **erlebte Rede**, eine Zwischenform von direkter und indirekter Rede. Die **erlebte Rede** ist gekenn-
25 zeichnet durch die Wiedergabe im Indikativ (im Gegensatz zum Konjunktiv in der **indirekten Rede**) und in der dritten Person Singular oder Plural (statt der ersten Person Singular oder Plural in der direkten Rede) sowie durch das Fehlen einer Redeeinleitung (verbum dicendi[3]). Die **erlebte Rede** ermöglicht ei-
30 nen nahtlosen Übergang vom Erzählerbericht in die Wiedergabe von Figurenrede.

Ordnet man „Fräulein Else" den drei Formen der Figurenrede zu, so zeigt sich die Besonderheit der Gestaltung der Novelle deutlich.

---

[1]   Martinez/Scheffel, a.a.O., S. 51 ff.
[2]   transponieren: lat. transponere: hinüberbringen, hinübersetzen
[3]   redeeinleitendes Verb

Die Erzählung ist in einem ununterbrochenen **Inneren Monolog** verfasst, weist also einen dramatischen Modus auf. Der Verzicht auf einen Erzählrahmen und die stringente Konzentration auf die „Innenwelt" der Figur lässt die Bewusstseinsvorgänge der Prota-
5 gonistin unmittelbar zum Ausdruck kommen.

Originalbeitrag

Volker Meid: Novelle

Novelle, Prosa- oder (selten) Verserzählung von mittlerem Umfang, die sich durch straffe Handlungsführung, formale Geschlossenheit und thematische Konzentration auszeichnet. Gegenstand des Erzählens ist nach der Definition Goethes „eine sich ereignete
10 unerhörte Begebenheit", eine Begebenheit also, die einen gewissen Anspruch auf Wahrheit erhebt und von etwas Neuem oder Außergewöhnlichem erzählt. Zu den zahlreichen Versuchen, die Novellenform näher zu charakterisieren, gehören die Hinweise auf die Zuspitzung des Erzählens auf einen „Wendepunkt" hin (und damit
15 auf einen dem Drama verwandten Aufbau) und auf die Strukturierung durch ein sprachliches Leitmotiv oder durch ein Dingsymbol (Paul Heyse u. a.). Häufig werden N.n zu Zyklen verbunden bzw. in Rahmenerzählungen eingebettet. Die Gattungsgeschichte der europäischen N. geht von Boccaccios *Decamerone* (um 1350) aus,
20 einer durch eine Rahmenhandlung verknüpften Sammlung von 100 Erzählungen („Geschichten, Fabeln, Parabeln oder wirkliche Begebenheiten, wie wir sie nennen wollen"). Die Konzeption des *Decamerone* wurde für Jahrhunderte Vorbild der europäischen Novellendichtung. Dabei ist in der Vielfalt erzählerischer Kurzformen
25 bei Boccaccio bereits die Mehrdeutigkeit des Novellenbegriffs angelegt. In England nahm Geoffrey Chaucer die Form des Novellenzyklus auf, allerdings (teilweise) in Versen (*Canterbury Tales*, Ende 14. Jh.), in Frankreich folgten die anonymen *Cent nouvelles nouvelles* (um 1460) sowie das *Heptaméron* (1559) der Marguerite de Navar-
30 re dem Modell Boccaccios. Matteo Bandello (*Novelle*, 1553–54) und Cervantes (*Novelas ejemplares*, 1613) setzten durch den Verzicht auf eine Rahmenhandlung neue Akzente. Darüber hinaus entfernte sich Cervantes in manchen seiner N.n mit satirischen

Sittenbildern und realistischen Gesellschaftsschilderungen entschieden von der ital. Tradition. Die Rezeption seiner N.n gegen Ende des 18. Jh.s in Deutschland übte eine bedeutende Wirkung auf die romantische Novellistik aus.

5 Nach Vorläufern in Humanismus, Barock und Aufklärung begann mit Goethes *Unterhaltungen deutscher Ausgewanderten* (1795), nach dem Beispiel Boccaccios als Zyklus mit Rahmenhandlung angelegt, die Geschichte der dt. Novelle. Auch Christoph Martin Wieland folgte mit dem *Hexameron von Rosenhain* (1805) der ital. (und
10 frz.) Tradition. Zahlreiche weitere Novellenzyklen entstanden bis hin zu Gottfried Kellers *Sinngedicht* (1881), doch trat seit der Romantik und den N.n Heinrich v. Kleists die Einzelnovelle immer stärker in den Vordergrund. Auch Goethes *Novelle* (1828) bestätigt diese Tendenz. Neue Ausdrucksmöglichkeiten gewann die N. in
15 der Romantik durch die Integration märchenhafter, fantastischer und dämonischer Elemente (Ludwig Tieck, Achim v. Arnim, Clemens Brentano, Friedrich de la Motte Fouqué, E. T. A. Hoffmann, Adelbert v. Chamisso, Joseph v. Eichendorff).

Nach der Novellistik der Biedermeierzeit (Annette v. Droste-Hüls-
20 hoff, Jeremias Gotthelf, Franz Grillparzer, Eduard Mörike, Adalbert Stifter) erreichte die dt. N. im Realismus ihren künstlerischen Höhepunkt (Keller, Theodor Storm, Conrad Ferdinand Meyer). Mit Gerhart Hauptmanns „novellistischer Studie" *Bahnwärter Thiel* (1888) beginnt die Geschichte der modernen N., die sich über Au-
25 toren wie Thomas und Heinrich Mann, Arthur Schnitzler oder Alfred Döblin bis zu Günter Grass und Martin Walser als äußerst fruchtbar – und offen für Anregungen aus anderen Literaturen (z. B. Émile Zola, Anton Tschechow, Guy de Maupassant) – erwiesen hat. Charakteristisch für die Entwicklung im 20. Jh. ist eine Er-
30 weiterung der formalen Ausdrucksmöglichkeiten, nicht zuletzt durch eine Annäherung an andere Formen des Erzählens (Kurzgeschichte).

Aus: Volker Meid: Elektronisches Sachwörterbuch zur deutschen Literatur. Stuttgart: Philipp Reclam Junior 2000

Methode der intratextuellen
und der intertextueller Interpretation

Was ist eine intratextuelle Interpretation?

Eine intratextuelle Interpretation setzt sich mit Aspekten **innerhalb** des Texts auseinander und versucht, den Aspekt unter **Berücksichtigung des Textganzen** zu klären. Ein wichtiges kognitives Instrument bei dieser Klärung ist der **Vergleich**: Was ist vorher geschehen? Was geschieht anschließend? In welcher Situation befand sich eine Figur vorher? In welcher befindet sie sich jetzt? Welche Auswirkungen hat diese Situation auf das weitere Handeln der Figur? Kann man daraus auf eine Entwicklung schließen?

Manchmal bietet sich ein expliziter intratextueller Vergleich zwischen zwei Textausschnitten an oder wird auch in der Interpretationsaufgabe vorgegeben.

Zu unterscheiden ist die **intratextuelle Interpretation** bzw. der **intratextuelle Verglich** von dem **intertextuellen Vergleich**, bei dem es um die Klärung eines Aspekts unter Zuhilfenahme des Vergleichs mit einem anderen Text oder anderen Texten geht (etwa der Aspekt des Familienkonflikts in „Fräulein Else" und Theodor Fontanes Roman „Effi Briest").

Methodische Hinweise zur intratextuellen Interpretation

Nach sorgfältiger Lektüre des Textes und der Markierung wichtiger Stellen fertigen Sie eine **Gliederung mit Stichpunkten** an. Dabei helfen Ihnen die folgenden **Fragestellungen**:

1. Einordnung in den Zusammenhang (sehr wichtig!)
- Aus welchem Teil des Romans/der Erzählung/der Novelle stammt der Auszug?
- An welche Teile der hervorgehenden Handlung schließt sich die Passage an?
  (Das heißt: Woher komm/t/en die Figur/en? **Mit wem ha/t/ben** sie zuvor gesprochen? Was ist ihr **Informationsstand?** Mit welcher **Einstellung** treffen die Figuren aufeinander? Welche **Erwartungen** hat/haben die Figur/en? **Welche Absichten und Ziele** verfolg/t/en sie?)

2. Thema
- Welche Figuren treffen zusammen?
- Wo und wann treffen sich die Figuren?
- Worum geht es bei dieser Begegnung?
  (Thema auf den Punkt bringen!)

3. Analyse des Auszugs im Detail
   (Beachten des Analyseschwerpunkts in der Aufgabenstellung!)
- Wie ist der Textausschnitt formal aufgebaut? D. h.:
  Welche **Erzählformen** treten auf (szenischer Dialog/Figurenrede, inneres Sprechen/Gedanken, Erzählerbericht/-beschreibung, Erzählerkommentar/Wertung)?
- Welche **Orts- und Zeitkoordinaten** gliedern den Ausschnitt?
- **Wie endet die Passage** (z. B.: Haben die Figuren ihr **Ziel erreicht?** Sind ihre **Erwartungen erfüllt?** Wenn ja, inwiefern? Wenn nein, warum nicht?)

4. Auswirkungen bezogen auf die weitere Handlung
- Was bedeutet das Ende des Textauszugs für den **zentralen Konflikt?**
- Welche Bedeutung hat der Textabschnitt für die **Entwicklung der Hauptperson?** (Charakterentwicklung)
- Welche Hinweise auf zukünftige Ereignisse (z. B. auf den Schluss der Erzählung) lassen sich erkennen?

Je nach Aufgabenstellung (2. Teil) können weitere Aspekte bearbeitet werden:
- Einordnung des Romans/der Erzählung in eine literarische Epoche
- Erörterung einer Problemfrage im Anschluss an die Lektüre
- produktionsorientierter Schreibauftrag im Anschluss an den Textauszug zur Klärung eines Sachverhalts
- intertextueller Vergleich

8. Abbildungen

Orte der Handlung

S. Martino di Castrozza

Der Cimone
della Pala

Speisesaal eines Grand Hotels um 1900

Gemälde von Rubens, Rembrandt und Tizian

P. P. Rubens (1577–1640):
Das Pelzchen (1638)

Rembrandt van Rijn (1606–1669): Das Brautpaar (1668)

Tizian (gest. 1576):
Mädchen im Pelz
(1. Hälfte 16. Jh.)

Literaturverzeichnis

Werkausgaben

Schnitzler, Arthur: Fräulein Else. Herausgegeben von Johannes Pankaul, Stuttgart 2002

Schnitzler, Arthur: Fräulein Else. Leutnant Gustl. Andreas Thameyers letzter Brief. Hrsg. und mit einem Nachwort versehen von Hansgeorg Schmidt-Bergmann, Frankfurt am Main und Leipzig 2002

Schnitzler, Arthur: Jugend in Wien. Eine Autobiographie. Hrsg. von Therese Nickl und Heinrich Schnitzler. Wien, München, Zürich (Molden) 1968

Freud, Sigmund: Die Traumdeutung. Ges. Werke II. Frankfurt/M. 1968 (4. Aufl.) Stuttgart 2006

Sekundärliteratur

Erzähler der Moderne: Schnitzler, Kafka, Döblin. Kursthemen Deutsch. Hrsg. von Dietrich Erlach und Bernd Schurf. Berlin (Cornelsen) 2003

Faust, Volker: Das Leidensbild der Hysterie. www.psychosoziale-gesundheit.net/psychiatrie/hysterie.htm

Fliedl, Konstanze: Arthur Schnitzler, Stuttgart 2005

Fraisl, Bettina/Zettelbauer, Heidrun/Rabelhofer, Bettina: Der weibliche Körper als Ort von Identitätskonstruktionen in der Moderne, in: Csáky, Moritz/Kury, Astrid/Tragatschnig, Ulrich (Hg.): Kultur, Identität, Differenz. Wien und Zentraleuropa in der Moderne, Innsbruck 2004, S. 255–290

Freund, Winfried: Novelle, Stuttgart 1998

Heinrich, Kasper: Fräulein Else. In: ZEIT ONLINE, 19.5.2014

Lange-Kirchheim, Astrid: Weiblichkeit und Tod. Arthur Schnitzlers Fräulein Else. In: Der Deutschunterricht 1/2002

Lorenz, Dagmar: Wiener Moderne, Stuttgart/Weimar 2007

Martinez, Matias/Scheffel, Michael: Einführung in die Erzähltheorie, München (Beck) 2007

Meid, Volker: Elektronisches Sachwörterbuch zur deutschen Literatur. Stuttgart (Philipp Reclam Junior) 2000

Metzler Lexikon Literatur- und Kulturtheorie, Hrsg. Ansgar Nünning. Stuttgart/Weimar 2008

Murauer, Markus: Karl Kraus und das Judentum. http://www.auro ra-magazin.at (aufger. am 15.03.2016)

Neymeyr, Barbara. Fräulein Else. In: Interpretationen. Arthur Schnitzler. Herausgegeben von Hee-Ju Kim und Günter Sasse, Stuttgart 2007, S. 190 ff.

Nuber, Achim: Neue Aspekte zu Arthur Schnitzlers Monolognovellen „Leutnant Gustl" und „Fräulein Else", in: Bobinac, Marijan/ Schmidt-Dengler, Wendelin: „Die Wiener Moderne". Sektion 12. In: Zeitenwende – die Germanistik auf dem Weg ins 21. Jahrhundert (Akten des 10. Internationalen Germanistenkongresses Wien 2000. Hg. v. Peter Wiesinger und Hans Derkits). Band 6: Epochenbegriffe: Grenzen und Möglichkeiten (= Jahrbuch für Internationale Germanistik. Reihe A: Kongressberichte, 58) Bern 2002

Perlmann, Michaela L.: Arthur Schnitzler, Stuttgart und Weimar (Metzler) 2004

Polt-Heinzl, Evelyne. Erläuterungen und Dokumente. Schnitzler, Arthur: Fräulein Else. Stuttgart 2002

Roßbach, Nikola: Sicherheit ist nirgends. Arthur Schnitzlers Monologerzählungen *Leutnant Gustl* (1900) und *Fräulein Else* (1924). In: Matthias Luserke-Jaqui (Hg.): Deutschsprachige Romane der klassischen Moderne. Unter Mitarbeit von Monika Lippke. Berlin, New York: de Gruyter 2008, S. 19–46

Scheible, Hartmut: Schnitzler, (rororo Bildmonographien) Hamburg 1998

Schlaffer, Heinz: Die kurze Geschichte der deutschen Literatur, München/Wien 2002

Schnitzler, Arthur: Leutnant Gustl und andere Erzählungen. Interpretiert von Erich Kaiser. Oldenbourg Interpretationen Band 84, München 1997

Wunberg, Gotthart (Hrsg.): Die Wiener Moderne. Literatur, Kunst und Musik zwischen 1890 und 1910. Stuttgart 2006 (unter Mitarbeit von Johannes J. Braakenburg)

Zenke, Jürgen: Die deutsche Monologerzählung im 20. Jahrhundert, Köln 1976

Bildnachweis:

|akg-images GmbH, Berlin: 82, 88, 105; Lessing, Erich 122; Quint & Lox 122. |Deutsches Literaturarchiv Marbach, Marbach am Necker: 73, 76, 77, 105. |fotolia.com, New York: gabriffaldi 120. |Martinetz, Anna: 104. |Picture-Alliance GmbH, Frankfurt/M.: akg-images 78; Heritage Images/Fine Art Images 121; IMAGNO/Archiv Setzer-Tschiedel 96; IMAGNO/Austrian Archives 120. |Schickhaus, Stefan, Wiesbaden: 61, 62, 63. |ullstein bild, Berlin: 102; Imagno 80, 121.

Wir arbeiten sehr sorgfältig daran, für alle verwendeten Abbildungen die Rechteinhaberinnen und Rechteinhaber zu ermitteln. Sollte uns dies im Einzelfall nicht vollständig gelungen sein, werden berechtigte Ansprüche selbstverständlich im Rahmen der üblichen Vereinbarungen abgegolten.